Mino De Chirico

Miscellanea parvula
Scritti minori

A cura di Tommaso De Chirico

MNAMON

Presentazione e commento del Curatore

È la seconda volta che, dopo un quarto di secolo, presento, proponendolo in una diversa e più completa versione, il libro di mio fratello, l'avvocato Mino De Chirico: *Pagine chiuse di un libro donato*, diario di un'esistenza votata all'osservazione riflessiva sulla vita e sulla società, in realtà il suo "specchio segreto e intimo".
Tuttavia, lo stupore e la commozione sono immutati.

Perché? Perché, rileggendolo, trovo una strana attualità, come se i decenni trascorsi dalle sue esperienze in vita (tanti, tantissimi, ormai!) non fossero passati invano.

Qui, mi ritrovo spesso in molti passaggi, di cui alcuni vissuti con lui, nella nostra famiglia, mentre altri appartengono alla sua sfera personale.
Ma il background non cambia: sono la vanità e la falsità del quotidiano.

È, invece, la prima volta che porto alla conoscenza del pubblico l'altro libro di mio fratello: *I fratelli minori: fatti di animali e di uomini*, inno d'amore e di difesa contro i soprusi verso tutti gli animali.

L'opera, la cui prima pubblicazione risale al mese di settembre del 1985, consiste in una raccolta di commenti ad articoli tratti da alcuni giornali, tra cui le Riviste *Zooespresso* e *Animali Natura Habitat*, a partire dal 1972, scritti da Mino De Chirico, allora Presidente della LAI, Lega Anti-vivisezionistica Italiana, e collaboratore, in particolare come Avvocato difensore dei diritti delle deboli vittime, dell'ENPA milanese, nei quali racconta fatti e misfatti della cronaca nei confronti dei nostri "fratelli minori", come li chiamava San Francesco d'Assisi.

La lettura di questo libro ci porta a tragici fatti avvenuti nei tempi e nei modi descritti, e fa inorridire anche l'ignaro lettore, ieri come oggi.

Nella parte finale sono descritte delle brevi biografie dei personaggi, a molti sconosciuti, ma ben noti e valorizzati da Mino De Chirico, che più si sono impegnati, esponendosi in prima persona, e affrontando rischi personali e derisioni da parte del pubblico e di tutte le Istituzioni, dal mondo della politica ai rappresentanti della Chiesa Cattolica, per affermare il diritto degli animali alla vita e al rispetto della loro dignità di esseri viventi e senzienti.

Oggi, più che mai, si sente il bisogno di una persona come lui che coniughi l'amore verso il prossimo, di qualunque specie e natura, con competenza, mista a sano fervore, per trattare pubblicamente temi assai spinosi che, purtroppo, la nostra società ritiene ancora marginali.

Per quanto, al presente, ci sia più coscienza sui temi riguardanti il rispetto e la protezione degli animali e dell'ambiente, e maggior criterio di giudizio morale e sociale, le ingiustizie verso il mondo animale rimangono, e, purtroppo, sono cronaca di tutti i giorni.

La cultura del rispetto delle minoranze, in questo caso i "fratelli minori", nasce e si sviluppa con il tempo, con l'educazione nelle scuole, con la promulgazione di Leggi severe, e con l'applicazione delle Sentenze, quando il reato consumato è evidente, e sottoscritto da testimonianze obiettive e imparziali tali da poter condurre il soggetto nelle aule dei Tribunali.

Ma tutto ciò non basta; la consapevolezza "del diverso e del debole" deve sempre prevalere su qualunque interesse economico, giuridico, sociale, etico e politico.

Questo spazio fu colmato, a suo tempo, dall'avvocato Mino De Chirico, il quale, con coraggio e lungimiranza, evidenziò numerosi punti deboli nella comunicazione giornalistica e nell'applicazione delle Leggi, e profonda ignoranza dei diritti degli animali.

È per merito suo che, oggi, questi temi sono trattati con molto più rispetto di allora, e qualcosa è cambiato nella coscienza della società riguardo il rispetto dei diritti delle "minoranze", di qualunque genere e natura essi siano.

In aggiunta a questa raccolta dei suoi scritti minori, ho voluto anche inserire alcune poesie inedite che Mino scrisse nel mese di ottobre del 1991 durante la degenza presso la *Lukas Klinik* Antroposofica ad Arlesheim, in Svizzera, dove si era recato per proseguire le cure contro il male che, di lì a non molto, l'avrebbe congiunto con l'Eterno Assoluto.

Parole struggenti d'amore per la vita che gli sfuggiva, con il rammarico che il suo grande dono, la parola ("il verbo"), fosse perduto per sempre senza aver avuto il tempo di riflettere sul fatto che le parole, uscite o pensate, sono immortali e vagano nel pensiero infinito, perennemente, ieri come oggi, e come sarà domani.

Dono non perduto, ma che qui sarà tramutato in un linguaggio universale di riscatto, vuoi per il debole, che lui difese nel suo ruolo di Avvocato, vuoi per l'ingiustizia e il sopruso sociale, che sempre il dottor Mino De Chirico volle combattere, con convinzione e passione sincera, come difensore degli emarginati e dei perseguitati, umani e "fratelli minori" indifferentemente al tempo stesso.

Tutta l'opera è un inno alla vita

Una cappa di tristezza traspare dalla lettura di tutti i valori di una vita, la sua, e dalla speranza di un futuro che per lui, causa un precoce destino avverso, non apparterrà più a questo mondo.

Lucido e arguto è l'autore, poiché la parola, scritta e verbale, era il suo strumento di lotta: gradevole e seducente, ma nel contempo sferzante e penetrante, con l'animo, la cultura, l'esperienza e lo spirito di un giornalista provetto, così incisivo nella comunicazione al pubblico come un cuneo infisso nella fessura di un tronco, pronto a spaccarlo in due parti con un colpo netto.
Colpiva l'anima scivolando sulla pelle e penetrando nelle viscere dell'essere umano fino a giungere al cuore.
Era *tranchant* nel giudizio, inesorabile nell'analisi, ma dolce nel sentimento, di una dolcezza mista a sofferenza, perché frutto di una sensibilità troppo viva per essere indifferente al dolore, e incapace di sopportare le ingiustizie che la società esercitava sui suoi simili, vere vittime della stessa, e sugli esseri viventi e senzienti, i cosiddetti nostri

"fratelli minori" appartenenti, come l'uomo, al ciclo della vita terrestre.

Si, perché mio fratello Mino ha amato con pari intensità uomini deboli feriti dalla società, e animali indifesi feriti dall'uomo.

Il suo senso della Giustizia, quella vera, trascendeva la sua professione per diventare scopo di vita, cui dedicò tutte le energie, corpo e spirito all'unisono.

Consapevole del suo triste destino, non si piegò né fu intimorito da questo, ma volle essere sempre, fino all'ultimo istante, di esempio a tutti coloro i quali credono, a torto, che con la morte le loro opere rimangano sterili e incompiute, o peggio, dimenticate.

Non solo; alla domanda: *"ho io un Maestro?"* ora è facile rispondere: *"tu sei diventato il nostro Maestro"*.

In un rapido susseguirsi di vicende, ora è toccato a te, caro fratello di sempre, questo ruolo, assai ben meritato per la potenzialità espressiva, vuoi nelle intenzioni vuoi nei risultati, dei tuoi talenti.

Tu ci hai insegnato che il compito esistenziale non cessa con la vita terrestre, ma è destinato a percorrere all'infinito i mondi astrali:

[...] *per godere il sole, il cielo, l'amore, questa vita che lenta si spegne restituendomi ciò che ho fatto, ho visto, ho udito, e mi porta là dove ricomincio il lavoro che il male qui ha fermato, salutando il sole.*

Quale miglior insegnamento di vita, quale migliore consapevolezza del Sé!

Il Curatore
Tommaso De Chirico

PAGINE CHIUSE DI UN LIBRO DONATO

Presentazione

«Pagine chiuse di un libro donato». Era questo il titolo completo delle pagine di prosa di Mino.

Quando, per la prima volta - tanti anni fa - ne sfogliai il dattiloscritto, quel titolo mi fu incomprensibile.

Perché «chiuse»? E perché «donato»?

Mio fratello aveva una personalità profonda, istintiva, rapida nel cogliere il significato reale di quanto ancora andava nascendo, in sé e negli altri.

Amava ripetere una frase (di Baudelaire, credo):

«Diffidate del primo impulso, perché è quello migliore!». Ed egli era pieno di impulsi, uno migliore dell'altro, anche quando - cosciente della vita che gli sfuggiva - delineava riflessioni (ora velate ora ben legate alla realtà quotidiana), costruiva immagini nel suo animo tormentato, fermava i sentimenti in versi, in parole che scorrevano dalla sua mano fluide e fresche come ruscelli di montagna.

La sua capacità espressiva prorompeva, limpida e netta.

Non era facile rimanere indifferenti alla sua personalità. Una personalità armoniosa, consapevole che quanto era «chiuso» nel suo cuore era «donato» dal mistero della vita.

Questo libro copre un arco di tempo assai lungo, dai suoi vent'anni alla morte. Ricordo molti degli episodi riportati, le lunghe discussioni o i penosi silenzi che li avevano caratterizzati. Ricordo le persone descritte. Un lungo arco di vita, bello, felice, costellato di aspettative più che di risultati, perché la gioventù si alimenta di speranze. e quelle speranze appaiono realtà vivente.

Ora. queste pagine escono dal cassetto in cui, per tanto tempo, erano state riposte e - non più «chiuse» - diventano aperte. Restano comunque «donate», perché permane inviolato il segreto nel quale Mino le compose.

Chissà, forse, aprendo la porta al nostro cuore, vi scopriremo, tra le tante cose in comune, i puri sentimenti della vita.

Tommaso De Chirico
Milano,10 novembre 1993

Premessa

Mino De Chirico morì quando più forte era il suo desiderio di vita, più profonda la sua fede nelle parole («*Mie grandi/belle parole/compagne fedeli/delle mie lotte/dei miei ideali/come potrò abbandonarvi?*»), ma anche quando più estenuata e cosciente fu l'accettazione della fine («*Lenta, esce la mia vita.../...salutando il sole*»).

Dal racconto di interni metropolitani ai passaggi sulle ipocrisie d'una Milano borghese che incarcera i suoi giovani bruciati, ciò che De Chirico ha lasciato è una narrazione scabra ed energica, ma sempre pervasa d'una poetica luminosità che non poteva non nascergli da quel lontano suo pugliese «*grande sole/ chebrucia/il mio cielo/che stermina il dolore*».

Una grande e dolorosa sensibilità diede a Mino De Chirico la certezza che «*altri giorni/non vogliono sorgere*», ma tutto egli aveva vissuto per ammettere, nelle ultime ore, che pochi furono i giorni in cui nulla parve essere importante.

Piero Lotito
Milano, 10 novembre 1993

Pagine chiuse

Ore e ore seduto a pensare. Era sempre notte. Perché la lampadina accesa e le notti insonni? C'era qualcosa dentro di me che mi spingeva a chiedere e a pensare: la vita mi doveva parlare in qualche modo. Quanti viaggi intorno al mondo ho fatto seduto al mio tavolo!

Sono giovane e abito in una grande città. Ho vissuto come tanti altri miei coetanei sparsi nel mondo, ho avuto le mie gioie e i miei dolori.

Ho tanti amici; ma ora sono lontani e sono solo.

Io ho chiesto questa solitudine: lontano da tutti e da tutto, solo con la mia vita, innanzi allo specchio che riflette la mia immagine.

Ecco, solo così potrò capire il senso della mia vita, potrò seguire i pensieri che salgono nell'azzurro del mio cielo e si dissolvono in un raggio di sole.

I miei ideali, i miei sogni, le 1nie sconfitte, le mie vittorie: i ricordi e le speranze, qui, attorno a me, al suono di una musica lenta e triste, in una dolce danza di speranza.

Gli atti, i pensieri, i sentimenti e le domande, le illusioni e il riso, le lacrime ed il silenzio, tutto ciò che è il mio, devo dirlo, devo ripeterlo a me stesso per poter costruire la mia vita.

Non so che giorno sia oggi, so che c'è il sole che ritorna dopo tante notti di buio, so che ho tanta paura perché sono solo e il mondo mi è estraneo.

Perché il mondo corre, trascinato dal vento della passione e della superbia. Perché il mondo non ha soste, non vuole fermarsi a pensare. «Perché corro?». So che niente potrà fermarlo, e che la mia voce non avrà eco.

Perché non parlare?

Perché non segnare sulla carta quei pensieri che vengono in un attimo, ti tormentano e ti abbandonano?

Quante voci nel mondo. Le voci diventano carte che gli uomini possono leggere o lasciare chiuse.

Carte, pagine chiuse che esprimono gioie e dolori di chi tenta di comunicare e sa che è inutile. Ma spera e tenta.

La casa

La famiglia ha il suo rifugio naturale nella casa, che può essere bella o brutta; non conta, perché è il frutto della fatica di uomini che vogliono assicurarsi qualcosa di stabile nella vita. La casa assiste alle gioie e ai dolori dei suoi componenti, ha il volto di coloro che l'abitano e la vita delle loro anime.

Chi vi entra deve avere un sacro rispetto, perché il suo piede sta calcando il sacrificio degli uomini.

Si piange, si ride, si vive: la casa resta come simbolo.

Si muore: la casa resta come sepolcro dei ricordi. È la famiglia.

Ricca vita di una stanza

Una stanza ha una vita: le mura racchiudono voci e pensieri, il pavimento il suono dei passi.
Essa è sempre immobile, e osserva e ascolta e protegge.
Niente si perde, tutto è custodito.
Tu gridi e ti senti solo, ma le tue parole rimbalzano e ti accompagnano.
Tu piangi, e le lacrime sono raccolte in un sacro silenzio.
Nessuno saprà quello che accade, perché i testimoni sono muti.
Ma, il silenzio non è solitudine, è compagnia, e quiete e riposo.
Per questo gli uomini amano il silenzio della loro stanza.
In essa tu non puoi mentire, perché la stanza ti conosce bene. Riconosce dal tuo passo lo stato d'animo, dalla tua voce la sincerità delle parole; se menti ti senti in imbarazzo, perché avverti la presenza di qualcuno che guarda e ascolta, sempre in silenzio.
Io posso amare e odiare la mia stanza, ma questo non conta, perché in essa devo vivere.
Machiavelli, prima di sedersi al suo tavolo di lavoro, sull'uscio di casa, si toglieva i panni della giornata; sapeva che in quella stanza non poteva mentire.
Qui io piango e rido, e nessuno lo sa.
Non è bella la mia stanza, ma è ricca di vita. La mia vita, che sostituisce la povertà dell'arredamento.
Io sono ricco di sofferenze e di gioie, conosco molto bene la lacrima e poco il sorriso.
Se tu entri nella mia stanza ti senti triste, come tristi sono gli oggetti e i fiori, come io sono triste.

Ma non ti senti solo, come io non mi sento, perché ho i ricordi e i sogni, le fotografie e i libri, il cielo e la speranza.

Se potessi, vivrei la mia vita in questa stanza, e sono sicuro che potrei comunicare al mondo esperienze nuove e toccanti: solo, senza il telefono e il campanello, con la finestra aperta al cielo.

Se tu entri, trovi nella mia stanza molta confusione.

Ti giuro che non lo faccio apposta; io so orizzontarmi in quel caos di fogli e di bottiglie, calze e matite.

E guai se qualcuno viene con la pretesa di mettere in ordine, perché tutto è già in ordine per me, perché c'è equilibrio e vita in quella roba sparsa.

Chi non capisce il senso delle cose, non approva. Io penso che, ovunque ci sia armonia, l'universo sia armonia espressa in forme diverse.

La mia stanza esprime quest'armonia.

Un lago sulla vetta di un monte, una margherita in un campo di erbacce, non sono paradosso della natura ma armonia di colori e di elementi.

Nella mia stanza c'è, nella confusione, l'armonia, ed è per questo che io ci posso vivere.

Non vedo le pareti che stanno per precipitarmi addosso, perché su esse ho dipinto la natura come è per me.

Non soffro di vertigini, anche se abito al quinto piano.

Ceneri di pensiero

«*Io cadrò*»

Questo pensavo solo, innanzi alla fiamma del camino.

«*Io cadrò, e di me resterà solo la cenere dei ricordi: sulla mia lapide metteranno che fui fedele alla famiglia e condussi una vita dedicata al lavoro,e col sacrificio riuscii a dare il benessere a mia moglie e ai figli.*

«Nessuno cercherà di sapere chi io sia stato, e rimarrò per sempre uno sconosciuto. Sì, mi sono fatto una posizione, ho sposato la donna cheamavo, ho un figlio.

«E ora sono qui solo, e la fiamma soltanto mi fa compagnia. L'ho costruito io questo camino, io ho posto mattone su mattone. Solo, innanzi aidoveri, alle date, alle rate da pagare, alla responsabilità dell'educazione di mio figlio. Mia moglie mi rimprovera il troppo accanimento per il lavoro. Mio figlio mi accusa di incomprensione. Ed io mi sono dimenticato di me stesso.

«Non ricordo più d'avere sensibilità, gusto per le piccole cose della vita, il senso della poesia.

«Per quanto tempo ho dovuto pensare alle necessità degli altri. Ed io? Sì, mi amano, sono tutti affettuosi con me, ma non sanno chi sia "io".

«Mi vedono seduto, e pensano che abbia bisogno di riposo e se ne vanno; e invece, ho bisogno di gente che mi distragga, di gioia, di scherzi. Di gioventù. Di aria nuova.

«Già, ma queste esigenze io non devo averle. Sì, lo so, mi diverto con gli amici, ma non è questo che io cerco.

«Ecco, io vorrei... parlare. Sì, parlare con qualcuno che sappia ascoltarmi e sappia rispondere.

«Nessuno sa che ho tanti problemi insoluti. I miei problemi. Interrogativi d'anima che rimarranno senza risposta, e che invece incalzano e mitrivellano il capo.

«Forse ho un po' di mal di testa, stasera: oppure è la presenza di queste domande che mi soffoca.

«Non posso gridare al mondo la mia solitudine. Ne parlerò con lei, mi ha sempre ascoltato, mia moglie

«No, no, le farei del male, perché sento che a un certo punto dovrò staccarmi da lei e da Giorgio. Anche da lui, dal mio caro Gior-

gio: potrei parlarne con lui, con mio figlio. No, no, i giovani sono
implacabili, specie con noi vecchi.
«Neanche i miei amici possono ascoltarmi.
«Che caldo nella stanza. Non c'è nessuno in casa:
non sono mai in casa loro, non lo sono mai stati.
«È bello questo silenzio, eppure mi fa paura.
«Dio, io cadrò».

Una tomba bianca

Continuavo a fissarla: il suo corpicino era disteso sul letto, ed il suo volto stava diventando violaceo.

Il medico fissava la siringa e la rigirava tra le mani, impotente ad arrestare la morte.

Mia madre piangeva, gridava, e mi si aggrappava addosso.

C'era la morte in quella stanza dove la mia sorellina stava morendo, e c'era il sole.

Il suo volto era strano.

Quei tratti delicati erano sereni, gli occhi spalancati sul soffitto e le braccia aperte.

Toccai quelle membra che stavano diventando fredde, e chiesi *"perché?"*. Perché era accaduto, perché stava morendo?

Ma, l'atmosfera non era calma per ottenere una risposta serena.

Mio padre stava divorando i chilometri che lo separavano da Milano con una folle corsa in macchina, ed il suo stato d'animo avrebbe potuto tradirlo.

Mia madre piangeva, piangeva, piangeva.

Non udivo le sue parole, ma controllavo i suoi gesti: mio fratello era in un angolo con la testa tra le .mani, come sempre fa quando si accorge di perdere qualcosa cui è affezionato.

Si sentiva solo, ed impotente a combattere.

Qualche rantolo usciva ancora da quella piccola bocca che tante volte m'aveva mostrato come sorridono gli angeli: la mia sorellina aveva sei mesi, e si chiamava Nella.

Era lei che aveva unito e infiammato i nostri cuori di una grande speranza: ecco perché ora ci sentiamo soli, tristi e aridi.

Il medico mise a posto la siringa, prese la borsa e se ne andò con mia madre.

Rimasi solo per qualche attimo con quel corpicino che tante volte avevo stretto tra le braccia, e che adesso era inerte.

Volevo piangere, ma non riuscivo.

Di nuovo chiesi: «*Perché, perché è accaduto?*». La morte aveva lasciato aperto quegli occhi, e certo essi volevano dire qualcosa.

Prima di chiuderli, li fissai a lungo. Poi abbassai le palpebre, e le baciai.

C'era nella stanza il profumo dei gigli e il suono delle campane degli Angeli. Perché piangere?

Ma certo, lei aveva avuto bisogno di quel periodo di vita in terra, ed ora se ne andava, in silenzio, quasi scusandosi di non potersi fermare più a lungo.

Avevamo avuto un dono, e questo doveva essere breve affinché non si sciupasse.

I progetti, l'amore che noi avevamo, erano inutili, perché il suo amore era più grande e più forte del nostro.

Perché piangere e rattristarla? Ma lei è viva, viva.

È morta una forma affinché viva un'anima.

Se veramente si ama, bisogna essere contenti, non egoisti.

Tutti piangevano e mi facevano pena: le lacrime passano, perciò non possono essere dettate dall'amore, perché tutto ciò che viene da esso è eterno.

Il mio cuore triste si aprì alla speranza di un mondo migliore, in cui mia sorellina viveva.

Che il corpo restasse alla terra.

Ma l'anima: oh, l'anima era libera nell'azzurro dei cieli limpidi, pura e bianca.

La morte su quel volto aveva abbozzato un sorriso d'angelo.

Perché dovevo piangere e gridare?

Era chiaro che lei non lo voleva, era chiaro che lei era li con me, come al tempo in cui la tenevo in braccio e parlavamo con gli occhi.

Sarebbe stato così per sempre.

Giunse mio padre, e nascose le lacrime.

La tomba è bianca, e su essa vi sono due rondini bianche.

Ma io ci vado poche volte perché so che mia sorellina non è lì.

Seduti a tavola

La mia famiglia era riunita a tavola.

Il padre, la madre, i figli. Non c'interessano il nome, l'età, la professione dei singoli, ma i loro cuori.

Si odono delle parole, che risuonano vuote senza senso, si vedono dei volti senza espressioni e calore.

Non possiamo dire che il padre sia proprio contento: sorride e ammicca, burbero, benevolo, e guarda i figli che non lo ascoltano: parla sempre delle stesse cose.

E' convinto di essere riuscito nella vita, e cerca di comunicare questa sua posizione di conquista mettendola in tutte le salse e in tutti i suoi atti: chiunque sia, impiegato o industriale, quest'uomo è un fallito.

La madre segue le mosse della cameriera, se l'ha, o si preoccupa di servire, di ricordare al marito il numero di gocce ordinato dal medico, di sgridare il figlio che sorbe il brodo con troppo rumore: può essere stata una donna fedele o infedele, bella o brutta, ma cerca di far funzionare tutto alla perfezione, perché a tavola, quando la famiglia è riunita, ognuno si senta al suo posto.

Poi, ci sono i figli. Anche per loro non c'interessano il volto e il nome: ascoltano con indifferenza perché, in cuor loro, sanno che quei discorsi non sono importanti; il più delle volte tacciono, riescono anche a sorridere, ma la convinzione che tutto quello che li circonda sia falso, è troppo forte. Mai come a tavola, quando la famiglia è riunita, il padre sente la sua povertà; quando parla, gli occhi assorti e apatici dei figli gli dicono: «*Non farti illusioni: noi sappiamo chi tu sia perché ogni giorno a quest'ora ce lo dici. Sei astuto nei tuoi affari e cerchi di farci ridere quando ci racconti d'aver fatto fesso qualcuno. Mostri di essere comprensivo con noi quando cerchi di parlare il nostro linguaggio, e ci raccomandi di divertirci e di studiare. Sapessi che pena ci fai, quando tenti di scendere al nostro livello. Noi non te lo diremo mai, ma tu hai capito cosa rappresenti per noi. Ti piace star lì, seduto, guardare tutto ciò che hai attorno e dire:"Questo è mio" compreso anche noi. Ebbene, non è così, perché niente ti appartiene, neanche noi. Tu ti culli in questo pensiero, credi nella tua autorità, e noi, che in fondo siamo, buoni non vogliamo toglierti quest'illusione perché moriresti. Ma, forse, anche tu sai la verità*».

Quando la famiglia è riunita a tavola, il dramma e il conflitto sono celati dal sorriso e dal tintinnio delle posate. È strano il destino, che costringe esseri umani a vivere sotto uno stesso tetto per tutta una vita, esseri diversi anche se dello stesso sangue. Vite diverse in fermento che devono unirsi per misteriosi disegni per dar origine a episodi di sangue e d'amore, e ad altre vite.

Cos'è quella luce strana che s'avverte nell'occhio del padre e dei figli e della madre, seduti a tavola?Forse ognuno non è seduto al posto giusto, forse tutti ignorano che quello è il posto giusto. Ma, che conta pensarci: prima o poi quella famiglia si alzerà da tavola.

L'invitato

Un giorno di festa. Una di quelle feste che capitano una volta all'anno, uno di quei giorni in cui tutti si ritrovano e si festeggiano e si leccano le guance con gli auguri.

Infatti, in quella casa c'è molta gente: sono riuniti tutti per il pranzo, per celebrare il giorno di festa.

Ci sono uomini e donne di media età, ci sono anche dei giovani e dei bambini: ognuno ha in mano un dono.

Convenevoli, auguri, sorrisi, brindisi d'aperitivo, frizzi: ed eccoli seduti a tavola. Il pranzo deve essere ottimo, perché tutti lo gustano: i bambini si insudiciano le mani e il viso, e tutti guardano sorridenti ed indulgenti le loro smorfie; c'è chi mangia con voracità e chi gusta con calma; il personale di servizio cerca di raccapezzarsi tra bottiglie, bicchieri, posate, piatti e sedie, compiendo veri miracoli di equilibrio e di volteggio; il padrone di casa è sempre attento, pronto a consigliare e a servire; i suoi invitati apprezzano la sua gentilezza, la sua scelta e la cura del cibo. Alla fine, vedi tutti ciondolanti con la testa pesante, gli occhi semichiusi e la cinghia allentata, tra scoppi di turaccioli di spumante e grida di bimbi.

Loro compagnia è la noia.

Infatti puoi notare che, ad uno ad uno, si allontanano quatti quatti in sordina, e li trovi disseminati in tutte le parti della casa: sul divano, in gabinetto, sul letto, sul tappeto, sul terrazzo, in corridoio.

Sembra quasi che ognuno si senta in colpa e voglia essere solo perché la compagnia dell'altro gli dà noia.

Il mal di stomaco, il sonno, il bisogno di camminare: tutto un pretesto.

Ma le donne non hanno di questi problemi. Infatti, si radunano tutte in salotto e, sigaretta in una mano, e tazza di caffè nell'altra, parlano, parlano, parlano.

Forse temono la solitudine, e la combattono sedendosi l'una accanto all'altra in poltrona.

I bambini riposano ed hanno il viso rosso e imbronciato.

I giovani sono in un'altra stanza e trascorrono il pomeriggio in un clima di completa e beata idiozia.

La sera si troveranno di nuovo a tavola ed affronteranno col corpo fiacco l'assalto di una cena truculenta: infine, una poltrona li aspetta per consigliar loro di andare a casa.

Si erano riuniti per festeggiare Cristo.

Hanno ascoltato la Messa, hanno fatto tintinnare i calici, hanno cercato di esser buoni, e si sono scambiati i doni, affinché Lui si sedesse con loro a tavola.

Ma Lui è restato fuori dalla porta.

Alla tua età

Egli era stanco di sentirsi ripetere la stessa frase. Ogni volta che l'incontrava, ogni volta che gli parlava:
«Io, alla tua età...Quante ne ho combinate! Nessuno ne ha fatte quanto me!» Il solito ritornello del tipo stagionato dai quarant'anni in su.

Frasi del genere, il più delle volte non contengono neanche la minima ombra di smargiassata.

Molto spesso, colui che le usa, è un severo padre di famiglia, geloso custode dei pensieri e degli affetti dei figli (maschi o femmine che siano), perfetto orologio per segnalare l'ora di uscita, l'ora di entrata, prodigo nei loro confronti di premure inutili.

È notevole posare per un momento lo sguardo sui figli di tale gente; costoro sono un capolavoro di ipocrisia e di criminalità, anime chiuse e soffocate, che sotto il più angelico dei sorrisi nascondono le menti audaci e machiavelliche del vizio e dell'inganno.

I masturbatori dell'anima: sono questi i conformisti.

Gli Amici

Siamo usciti in quattro stasera.

Abbiamo girovagato per la città senza concludere niente.

Perché ognuno stava vivendo il suo dramma. Ora siamo in una stanza.

C'è raccoglimento, c'è Beethoven, ci siamo noi quattro.

Fuori, la notte e le luci, il buio e il sonno.

Qui siamo soli. Tra queste mura vengono fuori i nostri drammi e i nostri pensieri. Si fuma e si parla.

Si piange: lacrime d'anima. Si ride, mentre tutti dormono. Il tempo passa e noi crediamo nel domani, perché ora stiamo diventando amici.

Una bottiglia d'acqua minerale per quattro, e le confessioni vengono spontanee. Beethoven ci fa sognare, e il fresco dell'aria della notte ci fa tornare alla realtà.

Il domani deve essere bello.

Nessuno ha sonno. Eppure siamo stanchi. Parliamo e vediamo questa pazza vita.

Sfilano i ricordi del passato, si allineano le memorie, rivivono le gioie, muoiono i dolori, risplende la speranza.

E' bello quest'attimo.

Forse siamo usciti per qualcosa, stasera. Cosa? Non so.

So che l'abbiamo trovato.

Una storia

Non ho mai conosciuto Enzo, ma è mio amico e forse tra poco diventerà amico di tutti voi.

Enzo non ha ancora diciannove anni, ma quel pomeriggio l'ha invecchiato. Quando lo conoscerò, non stringerò la mano di un coetaneo.

All'età di quattordici anni, Enzo ha visto suo padre separarsi dalla famiglia e andare a vivere con un'altra donna, ex ballerina.

Enzo ha continuato, così, a vivere con la madre e il fratello, e in quella casa modesta e pulita c'era armonia.

Il mio amico è un ragazzo sensibile e triste, forte della sua debolezza e orgoglioso della miseria della sua famiglia.

Gli studi iniziati bene erano stati interrotti, ed era incominciata una vita di stenti.

Il padre scarrozzava la sua amica in Maserati per la città, e passava alla famiglia un assegno di diecimila lire mensili.

La madre ricavava qualcosa dai vestiti che confezionava con le sue mani; anche se è giovane, nessun uomo potrà farle dimenticare i figli.

Enzo lavorava.

Il padre, noto industriale di Milano, titolare di una grande ditta di profumi, dava una percentuale al figlio su ogni prodotto che egli riusciva a vendere.

Quando la giornata era buona, l'incasso era di duecentocinquanta lire al giorno.

Problemi ben più gravi dovevano però affliggere Enzo.

Non l'ho conosciuto allora, ma so che doveva soffrire terribilmente; la confidenza con la madre non era sufficiente perché il padre era tanto lontano. Come amava suo padre! Non andava mai a trovarlo in ufficio per non metterlo in imbarazzo.

Si accontentava di vederlo all'angolo della strada; gli invidiava la macchina e la fortuna.

Immaginava di passare sotto il suo balcone e di vederlo in casa, intento a sfogliare un album di fotografie: Enzo bambino, Bruno in fasce, la mamma abbracciata ai figli.

Nessuno poteva parlare ad Enzo di suo padre; quando vedeva sua madre piangere in solitudine, gridava e chiamava il padre, per convincersi della sua esistenza in quella casa.

Ma Enzo era solo, e doveva vivere e combattere la sua battaglia senza armi, forte del suo dolore.

Conobbe la vita nel modo più bruciante ed umiliante, e divenne taciturno e triste.

Finché venne quel giorno...

Doveva andare da suo padre per ritirare dei soldi con cui avrebbe dovuto pagare il dentista.

Gli mancavano le trentacinque lire del tram.

Sua madre non poteva dargli niente perché era in ospedale.

A piedi, dalla periferia, arrivò in centro, fino all'ufficio di papà.

Quando suo padre lo ricevette, andò su tutte le furie; non voleva che il figlio venisse in ufficio a chiedere l'elemosina.

Enzo voleva solo trentacinque lire del tram per andare a trovare la mamma ricoverata all'Ospedale di Niguarda e il denaro promesso per pagare il dentista.

Non ebbe niente.

Suo padre gridò, non lo fece parlare, ed Enzo scappò dall'ufficio con gli occhi bassi e la faccia rossa.

Non andò a Niguarda, non tornò a casa quella notte.

Due giorni dopo, i giornali portarono la sua fotografia e il suo nome accanto ad altri nove ragazzi arrestati in quei giorni sotto il titolo: «*Arrestata la banda dei bulli ...*».

Ora Enzo è rinchiuso a S. Vittore, ma uscirà fra poco, perché una ad una stanno cadendo tutte le accuse.

Sua madre si è battuta per l'innocenza del figlio, suo padre ha parlato una sola volta con l'avvocato che difende Enzo promettendogli di pagare tutte le spese, e poi è partito con l'arnica e la Maserati per la Spagna.

Il Tribunale dirà che Enzo è innocente, e il mio amico tornerà da sua madre e alla sua vita di miseria e di dolore.

Supererà le difficoltà, ma suo padre sarà sempre lontano.

Imparerà a vivere, imparerà il compromesso e la prostituzione di sé stesso, e si farà un nome, affinché suo padre possa esserne soddisfatto.

Io ho letto le lettere scritte da Enzo in carcere e so che piange, non della libertà persa provvisoriamente, ma dei sogni che svaniscono.

Troverà un lavoro, un amore, un ideale?

Glielo voglio confermare con una stretta di mano quando uscirà, quando lo conoscerò.

Orgoglio di un pomeriggio

Ci sono anche i conoscenti, gli amici di famiglia, i parenti.

Spesso, per dovermi incontrare con loro, ho perso attimi meravigliosi della mia vita intima. Inutile ora che me ne penta.

Quando usciamo, spesso andiamo a casa di... parente molto prossimo, gentile e ospitale.

La casa di... è il luogo di ritrovo di molte persone, tra conoscenti e amici e parenti.

I «grandi» si radunano nella sala da pranzo, noi invece andiamo in salotto.

Quel «noi» comprende gli amici, i figli e le figlie degli amici di papà; la scena è edificante.

Sempre i soliti visi, sempre i soliti discorsi, sempre i soliti atti.

Prima, bisogna immaginare la stanza.

Non mancano i dischi e qualche goccia di cognac: due ragazze, che chiameremo Alida e Arianna, sedute in mezzo; attorno, cinque ragazzi, di cui è inutile dire il nome, perché non hanno personalità e possono benissimo essere identici l'uno all'altro.

Infatti, vestono di scuro, usano lo stesso frasario, vivono tutti e cinque disordinatamente di espedienti e di compromessi, attingendo molto al portafoglio e all'indulgenza di papà.

L'attenzione può essere rivolta sulle due ragazze di questo squallido e grigio gruppo.

Immaginiamo l'una, Alida, bionda, con tutti i requisiti della specie a posto, e con tacchi molto alti, non molto alta: potrebbe essere carina se sorride spesso, invece è seria, timida e smaliziata.

L'altra, invece, Arianna, nera di capelli, disinvolta, spregiudicata ma molto ingenua, in apparenza volubile ma in fondo romantica, sempre sorridente, anche se di natura triste.

Entrambe hanno diciassette anni, molto amiche. Un intero pomeriggio in quella stanza.

La conversazione: dalle frasi maliziose, dagli Scherzi e dalle barzellette, qualcuno passa ad affrontare i grossi problemi che affannano i giovani. Ognuno porta il suo contributo, e la stanza si riempie di fumo.

Alida e Arianna ascoltano pensose e gravi: è in ballo il loro onore.

Perché quei cinque giovani stanno attentando alla loro vita sentimentale.

La cameriera, che entra e depone il vassoio dei pasticcini, sente parlare di amore libero e di verginità, di incomprensione e di fedeltà, di sfiducia nella vita e di esperienze drammatiche.

La parola che risuona spesso è appunto «esperienza».

La discussione avvince tutti: le due ragazze si lasciano affascinare e controbattono. I cinque giovani incalzano e le due poverette ridono, temono, dicono parolacce, si agitano, fumano, bevono, gridano.

Ma, l'intellettuale del gruppo ha la meglio: si toglie gli occhiali e recita la parte che ha imparato davanti allo specchio.

La reciterà per tutta la vita.

Grida il suo dolore e la sua dannata solitudine nel silenzio della stanza.

Tutti lo ascoltano muti, perché lo credono sincero.

Egli si alza, agita le mani, annaspa, diventa rosso, strabuzza gli occhi e li pianta sulle due ragazze, che lo guardano incuriosite dallo sgomento della timidezza.

E' il momento buono per gli altri.

Le parole hanno aperto vasti orizzonti di dibattito: l'intellettuale si siede stremato dal peso del dolore che ha tentato di comunicare.

Tutti lo guardano, gli si stringono attorno, gli dicono parole buone.

Ora, ognuno parla del suo dramma: sono così belli questi drammi, che alle due ragazze sembrano proprio veri.

Ora è finito lo sfogo, e si attende la reazione.

Gli animi sono stati toccati, e le coscienze scosse. Arianna è triste, Alida china il capo: gli altri si rinfrescano la gola.

La voce di Arianna è fioca: promette comprensione e aiuto, e mentre si gingilla
con una sigaretta, cerca il volto di ognuno.
Ma, i ragazzi guardano altrove.
Alida tace. Tutti hanno un cerchio alla testa.
I cinque ragazzi gongolano: questo gruppo idiota si è affermato con delle belle bugie. Altro essi non sanno fare che vendere fumo.
I loro volti sono seri e compunti, e diresti che da quegli occhi siano prossime le lacrime.
Una zaffata di aria fresca riempie la stanza: è la madre di Alida che è entrata, per vedere come sta la sua piccina.
La vede triste, e se ne rallegra, perché crede d'aver intuito il motivo. Esce sorridente.
L'incanto è stato rotto: ognuno si alza, tutti si guardano.
Sono riusciti a trascorrere un pomeriggio.
Sono contenti della loro tristezza e della loro mediocrità.
Di là, nella sala da pranzo, non troveranno che gesti sguaiati, bocche aperte e larghi sorrisi e bottiglie vuote.
Anche i grandi si sono divertiti quel pomeriggio.
Le due ragazze credono di aver capito qualcosa della vita perché l'hanno sentito da qualcuno che ha «vissuto» e «provato».
Alida deve sposarsi: i suoi gli hanno trovato il «buon partito».
Arianna è in dubbio se lasciare o no il suo ragazzo. Dopo quello che hanno sentito, ambedue pensano intensamente e lavorano di fantasia.
I cinque ragazzi entrano nella sala da pranzo a testa alta, orgogliosi del loro pomeriggio.
I padri li guardano, e sorridono con altrettanto orgoglio.

Anche loro, quand'erano giovani, avevano fatto lo stesso: la vita la conoscevano bene loro, per poterla insegnare ai figli.

E i figli si sentono dei ragazzi in gamba.

Cocci di parole

Prese il sasso e il vetro andò in frantumi...

Gigi era quasi scappato di casa quella sera, e aveva camminato senza una meta, finché si era seduto su quella panchina.

Era stordito, aveva la testa in fiamme.

Rivedeva tutto con lucidità. Soffriva e non piangeva.

I tratti del volto erano induriti, perché il momento non voleva debolezze e lacrime.

L'esame andato male, andato male, male, respinto, respinto, l'esame...

Gigi non aveva studiato, ma non era il colpevole del risultato avuto, anche se ora lui era il capro espiatorio.

L'esame, specialmente «quell'esame», era importante per lui.

La scritta in rosso «respinto», spiccava sul foglio esposto nell'atrio della scuola.

Il padre di Gigi non seppe mai l'esito del figlio, ma dovette andare di persona a sincerarsi.

«Lo sai quello che ho speso e quello che ho fatto? Mi sono ammazzato di fatica, ti ho dato tutte le possibilità di farcela: e ora, tu cosa mi staidando in cambio?»

Gigi conosceva ormai a memoria quelle parole: prima di uscire, quella sera, le aveva sentite decine e decine di volte.

Perché Gigi non aveva studiato?

È un ragazzo solo, che ha imparato dalla famiglia a vivere di compromessi e di cose fatte di nascosto: di ipocrisia.

Quello che avveniva in quella casa non lo sapeva nessuno: quando varcava la soglia trovava il sorriso a riceverlo.

Si sentiva però nell'aria la disarmonia ed il contrasto.

Soprattutto in Gigi.

La mattina bigiava e lo trovavi al cinema "Metro-Astra " con le amiche; il pomeriggio, in giro con gli amici; la sera, quando il padre non c'era, girovagava in macchina combinando scherzi e grane, che poi suo padre avrebbe sistemato.

Una sera, in via Meravigli, per scommessa sorpassò il tram sulla sinistra e gli andò bene.

Non giudicatelo. Gigi doveva vivere così.

Gli amici: ecco dove poteva essere sé stesso. Allora era libero e dava sfogo alla sua esuberanza che in casa era compressa.

La madre l'aiutava e gli riempiva le tasche di soldi, gli permetteva molte stravaganze affinché potesse divertirsi.

Ultimamente, sotto gli esami Gigi aveva cambiato gli orari, ma le abitudini in fondo erano rimaste le stesse.

Certo, c'era bisogno di mostrare l'applicazione allo studio: gli amici del bar e le amiche del "Mexico" non passavano però in seconda linea. Così egli appariva agli amici; essi lo frequentavano per raccontare barzellette sconce e sentire parolacce.

Io sapevo che Gigi aveva una ragazza, Gianna, bruttina ma molto affezionata a lui, e so che se Gigi si è presentato agli esami è stato per merito di quella ragazza bruttina e lentigginosa.

Quella sera, Gigi era solo sulla panchina, e si chiedeva che diritto aveva avuto suo padre a parlargli in quel modo.

C'erano dei motivi gravi e profondi, che Gigi avrebbe voluto sputare in faccia a suo padre, che gli rinfacciava di farsi mantenere.

Che diritto aveva di parlargli così uno che l'aveva ignorato per anni? Suo padre era un professionista, stimato e invidiato.

Quella posizione era stata raggiunta a caro prezzo, e mentre suo padre lottava, Gigi era chiuso in Collegio, e comunque sempre lontano di casa. E quando tornava, si sentiva estraneo fra estraneo fra estranei.

La madre amava la conversazione dei salotti e non voleva il figlio fra i piedi quando invitava le sue amiche a prendere il the. La scusa: il Collegio l'aveva educato ben poco. Figlio unico, viziato, allontanato.

Gigi sapeva anche dell'altro: sapeva che c'era stato un periodo in cui suo padre e sua madre...

Il pensiero gli faceva orrore, ma papà e mamma... ecco, non erano andati molto d'accordo. Poi, l'accordo era tornato.

Come dimenticare quei litigi, quegli sguardi e quelle frasi, quell'assenza completa dell'uno nei confronti dell'altro?

«Tu sei la madre di mio figlio, ma io amo quest'altra!»

In mezzo, lui, Gigi, ignaro, solo, viziato, lasciato in collegio, preda di cattiva compagnia.

L'esame era andato male, respinto, l'esame andato male, male, respinto, fuori di casa, libero con gli amici ...

Libero di scherzare, d'importunare le ragazze che escono dagli uffici, e di amare Gianna.

L'aria della sera era fresca, e Gigi l'aspirava a piene narici con intensa voluttà; ma gli bastava alzare lo sguardo che quella palla di vetro che lo illuminava dall'alto dei suoi due metri, gli ricordava il padre e l'esame

Il lampione vicino alla panchina.

Quella lampada lo guardava sorniona, e gli diceva che non sarebbe sfuggito facilmente a quel mondo che egli trovava opprimente, e in cui stentava a trovare il suo posto.

Il cuore di Gigi era sordo di rabbia. Soffriva e non piangeva.

Abbassava lo sguardo: la luce era sempre accesa, il lampione era sempre lì. Si burlava di lui.

«*Papà, da piccolo giocavamo assieme. Se avessimo continuato!*»

«*Dopo quello che ho fatto per te: mantenuto! Così mi ringrazi?*»

«*Papà mi hai lasciato solo ed ho sofferto...*»

«*Hai cambiato molte scuole! In ogni Istituto non sei mai rimasto a lungo; ti hanno sempre cacciato via*».

«*Papà, tu e la mamma...*»

«*Tutti i miei sacrifici per te! Che dirò alla gente? Mio figlio è stato respinto*»

L'esame andato male, respinto, l'esame male, male.

«*Papà, papà...*»

La luce era sempre più forte nella palla di vetro, il lampione sempre lì, mobile e gelido, ironico e minaccioso. I lineamenti di Gigi erano induriti, gli occhi cupi più oscuri della notte.

«*Papà, se avessimo... No, non è stato possibile*»

Guardò la palla di vetro: la lampada si illuminò di più e glielo confermò: «*No, non è stato possibile*».

La mano di Gigi prese il sasso, ed il vetro andò in frantumi.

Gigi rise, pianse, calpestò quei cocci di vetro.

Chiamò Gianna. Gli rispose la notte e il rombo delle auto.

L'esame andato male, male, respinto...

Non doveva far altro che tornare a casa e lasciar credere a suo padre di aver ragione.

«Sì, papà, hai avuto forza ad illuderti. Forse tu sapevi che non ce l'avrei fatta, ma ti sei illuso lo stesso. Forse tu sai tutto, e ti illudi che io nonsappia niente»

Gigi tornò a casa sua e la vita riprese regolarmente.

La famiglia continuò a vivere di compromessi: il padre a illudersi, la madre ad invitare le amiche nel suo salotto a prendere il the. All'alba qualcuno si preoccupò di buttar via quei frantumi di vetro.

Nove ragazzi

Per una settimana otto ragazzi e una ragazza sono assurti agli onori della cronaca. Titoli e caratteri cubitali sui giornali, lacrime di madri, curiosità e pettegolezzo, polemiche e discussioni: così è finita la banda.

L'occasione è dunque ottima per riprendere le solite risolute questioni, organizzare congressi, far scorrere di nuovo lacrime e inchiostro.

Chi sono questi ragazzi? Guardiamoli in faccia, uno ad uno.

Guglielmo, ventun anni, ultimo di tre figli.

Lavorava al mattino ed al pomeriggio. Aveva la ragazza in Inghilterra. Aveva tutto dai suoi, specie dal padre, con cui era più in confidenza che con la madre.

Era stato malato di meningite e ogni tanto aveva una ricaduta; inoltre aveva subito una delicata operazione.

È accusato di tentato omicidio, associazione a delinquere, furto, rapina.

Pietro, diciotto anni, meccanico disoccupato, orfano di padre, il cui posto era stato preso dal fratello maggiore.

Era innamorato di Maria. Era afflitto da una strana mania: sentiva di morire presto. Frutto, questo, di una malattia grave. Prima di entrare a S. Vittore era stato al Beccaria. Accusato di tentato omicidio, associazione a delinquere, furto, rapina. ·

Maria, quindici anni, figlia unica. Viveva con la madre, a sua volta separata dal marito. Aspirava a «specializzarsi da pettinatrice». Iscritta alla seconda commerciale in un Istituto di suore dopo aver coltivato la passione per il disegno come allieva presso un noto ceramista. Leggeva "Topolino", le piaceva ballare, conoscere diversi ragazzi. Benché definita «ragazza gangster», aveva le apparenze della brava ragazza. Accusata di concorso in furto continuato e favoreggiamento.

Cesare, vent'anni. «Fidanzato» di Maria. Il «cervello» della banda. Un ragazzo freddo, taciturno, amaro. Con Pietro era considerato il «capo». Accusato di tentato omicidio, associazione a delinquere, furto, Rapina.

Enzo, diciannove anni, disoccupato. Primo di due fratelli. Ragazzo sensibile e triste: questo a causa della sua delicata situazione familiare. Amava molto la madre con cui preferiva vivere piuttosto che col padre, anche se questi vive diviso dalla moglie, in condizioni agiate. Ha vinto una borsa di studio.

È accusato di tentato omicidio, associazione a delinquere, furto, rapina.

A questi dobbiamo aggiungere altri quattro ragazzi che, con alcune varianti, sono quasi nelle stesse condizioni degli altri: situazione familiare non certo delle migliori, preparazione culturale scarsa, netto stato di inferiorità, quindi, in rapporto agli altri ragazzi della loro età.

Sono: Giulio, manovale specializzato, chiamato B. B. per la sua ammirazione nei confronti di Brigitte Bardot. Accusato di associazione a delinquere, scippi continuati, tentato omicidio. Giampiero, telefonista, archivista, innamorato geloso di Maria (gli amici dicono chela gelosia è la sua caratteristica), accusato di associazione a delinquere, furto aggravato, scippi continuati, tentato omicidio.

Infine, Giorgio e Gianfranco, diciassettenni che devono rispondere, rispettivamente, di favoreggiamenti e di scippi continuati.

Ora li conosciamo tutti. Li chiamiamo delinquenti; ma non lo sono. Perché hanno rubato, perché hanno sparato?

I giornali hanno dato una risposta: «*L'hanno fatto per combattere la noia della loro esistenza*».

La risposta per me non è sufficiente. Penso infatti che non sia la noia, bensì la sofferenza ad aver costretto questi ragazzi ad agire così.

La sofferenza: cioè quella nota continua e costante che in ogni attimo vibrava nei loro cuori e faceva travisare la vita, i sentimenti, la realtà.

La sofferenza è fisica e morale.

Importante la prima, tremenda la seconda. Alcuni di questi ragazzi sono menomati nel fisico, causa, questa, di un inevitabile «stato di inferiorità». Gli altri sono malati nell'animo, non per colpa loro, però. Entriamo nelle case, parliamo con le famiglie.

La casa è pulita e lucida, il nome rispettabile: sembra tutto in ordine.

In quella casa pulita e lucida, la famiglia non è unita, il marito è diviso dalla moglie e il figlio è cresciuto solo.

«*Perché mio figlio è a S. Vittore?*» mi diceva una madre in lacrime in uno scoppio di materna ingenuità. Come farle capire che il figlio era il risultato di una situazione falsa, l'infelice prodotto di un accoppiamento ipocrita? Alle radici la malattia, il disordine: i rami non possono essere sani. Ognuno di questi ragazzi è cresciuto solo, ha dovuto combattere da solo la sua battaglia. Hanno perso perché sono stati deboli; si sono lasciati trascinare dalla corrente, non hanno avuto la forza di fermarsi e di ergersi. Hanno dovuto imparare tutto da soli, e di ciò che è stato insegnato hanno fatto una tremenda confusione. Questo perché l'insegnamento era stanco, l'esempio fiacco. Hanno scelto la via più semplice per avere le tasche piene di soldi, anche se questo comportava qualche rischio. E su questa strada, dopo averla iniziata, si sono messi a camminare con impegno e serietà.

Situazione grottesca, ma logica.

Con diversa impostazione di principi, quella serietà sarebbe stata posta al servizio del bene, piuttosto che del male.

Di cosa avevano bisogno, di cosa hanno bisogno gli altri ragazzi della loro età?

Hanno bisogno di capire l'esatto significato dei concetti: cosa è l'onestà, la fiducia, l'amore.

Hanno bisogno di poter realizzare i loro sogni che sono semplici, borghesi, puliti: un diploma, un lavoro, un amore.

Molti sono i ragazzi di quattordici o quindici anni che devono lavorare, vogliono studiare, ma non possono.

Molti ancora sono i ragazzi che si ammazzano di fatica e sono sfruttati e il loro lavoro è mal retribuito.

Molti infine i ragazzi che studiano e lavorano, ma sentono attorno l'indifferenza che scoraggia e che fa pensare, in quegli attimi tremendi di dubbio a cui nessuno può rimediare: «*Che valgo? Perché mi sforzo? È tutto inutile*».

Lo so, sono attimi che provano tutti, anche i non più giovani. I giovani però li sentono con più spasimo. Specialmente ·certi giovani. Specialmente quei dieci ragazzi che sono a S. Vittore.

Inutile scrivere sui giornali: «I giovani uccidono». I giovani vogliono aiuto, vogliono che gli «altri» escano dalla loro morta crisalide e si aprano, parlino.

Esiste un linguaggio che non ha tempo né limiti: è un linguaggio d'animo che intendono solo i cuori.

È questo il punto di contatto tra i giovani e i non più giovani: bisogna abbattere con coraggio le barriere del «vittimismo», del «moralismo delle tempie grigie», della stolta pubblicità che i giornali fanno a questi episodi di cronaca, svisando la realtà, creando situazioni tali da non permettere di considerare gli avvenimenti e i protagonisti nella loro esatta dimensione.

Basta con le polemiche e le accuse reciproche: si è ancora in tempo. Domani è troppo tardi.

Oggi dieci ragazzi sono chiusi in una stanza con la visione di un pezzo di cielo, a contatto con elementi già esperti del crimine e del vizio.

I loro pensieri?

Dietro la maschera fredda dell'indifferenza, il cuore batte ancora di vivi sentimenti.

Leggete le lettere scritte alle famiglie.

«Mamma, sto bene, ma di notte piango». Anche noi piangiamo. Per noi, per loro.

Noi abbiamo la libertà. Loro non la posseggono.

Ritratto

C'è un teppismo che sfugge a qualsiasi classificazione: è il teppismo.

No, non parlo del solito tipo in maglione e stivali che insulta i deboli solo quando si sente spalleggiato dagli amici.

Parlo di un teppismo intellettuale e noioso che si insinua all'insaputa dell'individuo e ne paralizza l'azione ed il pensiero. Il ragazzotto dal ciuffo ribelle, che, con aria spavalda, ostenta la sua giubba di pelle, è una figura patetica: con un po' di buona volontà si riesce a conquistarlo, perché è ingenuo, debole e timido.

L'altro no. È astuto e intelligente, ti saluta col sorriso e hai la sensazione di essere innanzi ad un uomo sicuro e aperto, è ricco di trovate, ha fantasia e ha letto molto, ha viaggiato e ha conosciuto i costumi e là lingua dei popoli di cui ha assimilato gli usi, spesso vive con la donna che gli ha dato un figlio, lavora e ha soldi che gli servono per mostrare che si è fatto da sé.

A sentirlo, ha rifiutato il mondo di oggi e tenta di costruirne un altro, in cui anch'egli abbia il suo posto, il più alto possibile.

Discute di tutto perché di tutto ha letto, tutto conosce e parla a lungo riuscendo a trascinare la tua volontà. In fondo è un intellettuale che agisce.

Tu puoi incontrarlo ovunque. Il più delle volte è lui che si presenta a te, e alla fine del primo incontro tu non sai ancora perché ti abbia cercato. Si mischia tra la folla, pur disprezzandola.

I giovani sono attratti da questi personaggi, tragiche parodie dei cavalieri erranti, scettici e astuti, dotati di una notevole forza· dialettica tesa, come dicono, alla ricerca della verità. Verità, che essi dicono di cercare, perché in realtà cercano di insegnarti ciò che vogliono o hanno in testa. La loro preparazione non è onesta, anche se accettano l'incontro che pone tutto in discussione.

Amano soffermarsi a discutere, e discutere, e sono alla ricerca di un mecenate che li paghi per pensare. Manipolano Sartre e Ortega con facilità degna di consumati studiosi, usano un linguaggio che ormai sta tracciando un'epoca.

Non andranno mai contro la legge perché la conoscono.

Avranno discepoli, e potranno guidarli, diverranno famosi e rovineranno le generazioni future.

Odiano il conformismo, ed in esso cadono barbaramente.

Tentano esperienze di collettività per il gusto di star insieme e creare l'amicizia: in realtà, costituiscono il tipo più meschino di famiglia.

Di solito hanno un circolo di dibattito che ha la pretesa di far sentire ognuno al suo posto, libero: le loro riunioni, in realtà, si riducono a prolissi monologhi, e gli iniziati, alla fine, sono costretti ad andarsene sorridendo e ostentando una soddisfazione che non hanno. Nessuno può combatterli, perché sono tanti, e forti. Sono sparsi per il mondo, forze giovani e sprizzanti energia. Anche se non si conoscono, sono uniti dalla stessa ideologia, dall'identico modo di vestire, di parlare, di agire.

E' difficile riconoscerli, perché sono figure vaghe indefinite: senza contorni e inafferrabili.

Dicono di amare la poesia, ma non la conoscono. Di conseguenza, non possono essere nella verità, perché la verità è nella vita, e la vita tutta è poesia che non è metafisica o scienza di superstizione, ma
f slancio d'anima e sete d'infinito.

Essi sono dei meravigliosi sepolcri viventi, nei quali tu rischi di essere rinchiuso.

E quando si parla di teppismo, tu pensa a loro.

I risultati di una partita perduta

Egli aveva chiuso. la sua partita. Aveva giocato tutte le sue carte con coraggio, pur sapendo di avere un pessimo gioco, conscio che la Fortuna gli aveva voltato le spalle. Aveva accettato tutte le regole. Le aveva subite. Assaporava il dolciastro sapore della sconfitta: era scontento di sé ma fiero, e, in fondo al cuore, albeggiava il sole della speranza. Forse quell'anno di vita non era stato buttato via del tutto, e i frutti si sarebbero visti. Già: ma come comunicare tutto questo agli altri? Non è facile trovare la forza per parlare con un padre che ti mantiene e ti soddisfa di tutto, e ti permette di vivere la tua vita. E dirgli: «*Ecco cosa ho fatto in quest'anno: ho accumulato attimi e attimi di esperienze intense e disparate. Ho trovato l'amicizia e l'ho persa. L'amore anche, ho trovato: e anche questo ho perso. Ho cercato di realizzarmi con le mie sole forze: ho tentato di tutto. Ho lavorato, e m'è andata male. Ho creatodelle organizzazioni che sono fallite. Ho bandito degli ideali che sono caduti nel vuoto. Sì, ho seguito l'Università, anche. Ma gli esami sono andati male. Ho mantenuto con venerazione il culto della famiglia, ma mi sono accorto che essa mi era estranea, e che io ero solo, innanzi alle mie responsabilità che avrei dovuto affrontare e risolvere da solo. Male, come sempre*».
Quando si vuole essere dannatamente soli, si rifiuta anche il sorriso e la mano di una persona amica.
Proprio oggi ho affrontato l'ultimo esame dell'annata. Naturalmente, è andato male, e c'è anche il perché.
Quando si affrontano male sin dall'inizio tante situazioni, bisogna prepararsi a saperle affrontare di nuovo.
Ecco: io non andrò mai bene agli esami e mi riusciranno solo al secondo o al terzo tentativo.

Tutta la mia vita è stata affrontata in questo modo. Che colpa farmene, e, quando giunge l'istante della prova suprema, io sono al di là degli uomini e delle cose, libero nel mondo che io desidero, e i calendari e i termini e le scadenze non possono raggiungere.

Io mi sento forte quando mi sconfiggono perché salvo il mio mondo. Sì, perderò un esame oppure un magnifico impiego: ma, niente può compensare la perdita del mio mondo vivente nella abbagliante realtà di sole allo zenith.

Ecco: io oggi ero seduto innanzi all'uomo che mi stava interrogando e avevo pietà di lui.

È un professore, stimato per la sua dottrina, per le opere che ha scritto, per le idee di uomo probo e giusto e onesto. Eppure, nel suo sguardo io leggevo tanta tristezza. Forse, m'invidiava. Come se fosse stato nudo innanzi a me: e io vedevo le piaghe del suo corpo, e le contavo, e le guardavo, e scuotevo la testa. «*No, non so in che anno sia stata scritta l'opera che tu mi chiedi. Vedo solo le tue piaghe purulente. Tu ti accanisci contro di me. Ma la tua rabbia non è la miglior medicina*».

Mi ha mandato via con la morte nel cuore. Quando ci rivedremo, io chiuderò gli occhi, non vedrò le sue piaghe, risponderò a tutte le sue domande. E, contenti di questo compromesso, cercheremo di soffocare con soddisfazione la nostra brontolona coscienza.

Sì, d'ora in poi dovrò fare così: accettare il compromesso e scendere a patti con la mia coscienza. Mi costerà molto, e dovrò rinunziare alla parte migliore di me stesso. Ma, almeno tu, papà, sarai contento. Perché tu pensi che io possa realizzarmi solo in questo modo, e forse non conosci il mio mondo misterioso.

Però, tu hai più esperienza di me. Già: e puoi vedere più avanti. Può esser vero anche questo. Forse hai ragione tu e ho torto io. Ma la vita io adesso devo viverla in tutta la sua intensa drammaticità. Solo, con le mie lacrime.

Non m'importa del domani: mi auguro che ci sia il sole e che non piova. L'oggi: il dramma dell'oggi, con tutti i suoi perché e i suoi tortuosi problemi, con tutte le angherie e i soprusi, e i piccolissimi attimi di sorriso, io devo viverlo l'oggi, sempre da solo.

Tutto un anno è stato per me un continuo «oggi».

Non ho avuto respiro, non ho avuto soste: è stata una bella corsa che ho compiuto con piena coscienza dell'ebbrezza e che mi fa sentire fiero innanzi al mondo.

Tu pensi che con un esame riuscito io possa conquistare il mondo. Ti sbagli. Il mondo posso conquistarlo soltanto dopo che l'universo, gli uomini e le cose mi avranno calpestato e portato in trionfo e umiliato. Solo nella sconfitta trovo la forza, che tu chiami satanica, di poter vincere. Nelle mie situazioni difficili io provo un senso di rassegnazione che tu non comprendi. Una volta pesto e sanguinante, sento un fremito che mi serpeggia nelle ossa e nella gola il canto della vittoria. Tutto questo tu non puoi capirlo, e io neanche cerco di dirlo. Ascolto le tue parole, che sono sagge e amare. Cerco di adattarle a me stesso, e vivo la tragedia delle cose arrangiate e rattoppate.

Egli pensava tutto questo, e scendeva in lui una calma strana e forte, quella calma che egli aveva cercato nell'amore di una donna e nell'amicizia per poi trovarla soltanto in sé stesso.

L'Amore

Lo sai perché ti seguivo e perché ti guardavo? Perché avevi il volto della speranza e io avevo, bisogno della speranza.

Ma questo allora non lo sapevi e non potevi saperlo.

Eri bimba con le calze bianche, preoccupata dei tuoi giochi fanciulli, e non potevano interessarti i problemi degli adulti.

Ed io avevo problemi d'adulto.

Io venivo nel tuo cortile per guardarti, e tu non mi guardavi.

Ti guardavo in Chiesa, e tu pregavi.

I tuoi occhi fuggivano sempre e non si posavano mai su di me.

Ti scrivevo, e tu non hai mai ricevuto quelle lettere perché le stracciavo.

Ti pensavo e ti sognavo ma tu non avresti mai conosciuto i miei pensieri e i miei sogni.

Ora avevo un bianco cavallo per rapirti, ma il mio mantello nero sventolava al vento in un'inutile aspettativa.

Sai, dovevo dimenticare l'amplesso di quella donna cattiva, che mi aveva rapito le fantasie bambine. Questo, non potevi saperlo.

Passavi indifferente.

Era stata colpa la mia?

Sì, grande; ed ora stavo scontandola.

Il tuo silenzio e la tua indifferenza erano la mia espiazione.

Ma, la sofferenza mi purificava, mi puliva la pelle. Era come un fuoco sacro che mi ardeva le membra.

Tu facevi ardere le mie carni, senza sentire l'odore della pelle bruciata.

Non ho voluto conoscerti, anche se potevo, perché avevo bisogno di quella situazione assurda che avrebbe potuto salvare la mia vita.

Dovevo dimenticare quell'abbraccio di donna cattiva, che mi accoglieva con una gioia altrettanto cattiva negli occhi dovevo dimenticare quel primo piacere che aveva rovinato i miei sensi e inciso il cuore. Tutto era accaduto come se accanto a me avessi avuto una forza satanica che mi spingeva e mi aizzava.

Il gioco era troppo pieno di fascinoso rischio perché io mi tirassi indietro.

Fanciullo di quattordici anni, che conosce l'Amore nella sua forma più completa ed esauriente, più immonda e piacevole.

Poi, venisti tu, come un raggio di sole nella notte, come alba luminosa.

E, dietro il tuo sorriso, io mi persi e tornai bambino. Fu illusione completa, lo so. Ma fu necessaria.

Poi ti persi di vista, ti ritrovai e l'illusione rimase. Tanto che oggi mi sento ancora bambino che vive di una illusione per cancellare qualcosa.

Ma questo, tu non devi saperlo.

Lei si alzerà

Quante cose finiscono con una stretta di mano e un sorriso.

E nessuno pensa alle lacrime che verranno, alle tenebre che puntualmente in ogni stagione dell'anno cadono sulle giornate della terra e degli uomini. Tu l'hai lasciata sorridendo, dopo averla amata.

Sei uscito senza voltarti sapendo che non l'avresti più rivista.

Hai sorriso mentre le stringevi la mano, e in quel momento non pensavi al passato e al futuro. Perché hai sorriso?

Perché non l'hai stretta tra le braccia? Lei aveva voglia di piangere e di amarti.

Anche lei ti ha sorriso, ma tu non hai visto, e non hai capito. Sei uscito...

Lei non ti ha accompagnato: è rimasta seduta, e forse adesso è ancora là, e contempla quella mano che ha ancora il calore della tua.

È ancora nella stanza semibuia e ricorda i tuoi passi, le tue parole, i tuoi atti: le ultime cose.

Forse vuole che tutto resti così, e non vuole sciupare quell'attimo di vita bruciante che ha segnato la fine della gioventù e del sogno, l'inizio del tempo dei ricordi.

O, forse, sei tu che vuoi vederla così, e ti illudi. Perché lei si alzerà e riprenderà a vivere e sarà felice, e tu sarai un lontano ricordo, l'eco spenta delle parole d'amore vane e sprecate, sbiadita immagine di una ingiallita fotografia smarrita nelle pagine di un libro donato e mai aperto.

No, tu non sarai per lei un rimpianto.

Tu avrai il rimpianto, e solo per te scenderanno le tenebre.

Tu sarai solo: sarai sconfitto con gli amici, con gli ideali, con il lavoro, con gli studi.

Per te è cessata l'ora dell'abbandono e della poesia, della felicità e della sincerità.

Sarai ricco e invidiato, ma sarai solo perché, con una stretta di mano e un sorriso, hai detto addio all'Amore.

A te stesso.

Valori

Ha sedici anni.
La trovate ogni mattina alla fermata dell'autobus, la incontrate sul marciapiede, l'urtate in tram.
Non potete ricordarne il volto perché non ne ha; si perde nella folla che si accalca dietro i cancelli delle fabbriche, dietro le saracinesche dei negozi, dietro le porte degli uffici.
Porta i suoi sedici anni con fierezza e senza speranza: ha dietro di sé dei corsi serali di addestramento, innanzi un capufficio e una macchina da scrivere.
Vive una settimana di lavoro; la domenica è per l'amore sulle panchine, sui prati: ore monotone, atti meccanici senza un perché, energie profuse senza luce, accoppiamenti di attimi effimeri.
Ha sedici anni, ma ne dimostra venti, forse di più.
È il sogno dei quarantenni che l'aspettano all'uscita della fabbrica o dell'ufficio, l'ubriacano di velocità e di alcool per lasciarla sola sull'uscio di casa.
Lei non ha drammi, non ha perché.
Le piace correre sulla spiaggia e sporcarsi con la sabbia e pulirsi con l'acqua del mare.
Non pensa all'amore: lo vive. Ama le cose semplici perché è semplice.
Le piace parlare di moda, di uomini, di soldi, perché è ignorante.
È intelligente, ma è pigra.
È astuta, perché ha imparato a difendersi.
Voi incontrate spesso questa ragazza nella vostra vita, sia che l'amiate o che la evitiate.

Lei continua sempre a vivere, e da lei nascono le nuove generazioni strane ed assurde.

Guardatele il volto, se ne avete coraggio: sembra che il tempo e le fatiche non scavino solchi, niente borse sotto gli occhi. Sembra venire da un mondo astrale a noi sconosciuto: i capelli corti, i tratti del volto belli nella loro irregolarità, i gesti identici calcolati e freddi, il corpo slanciato e perfetto.

Dietro c'è il vuoto: una forma senza vita.

Non rimpiangete le chiome lunghe e gli sguardi languidi delle vostre nonne.

Guardate i cuori e sentite se sono capaci d'amare. Se sono prodighi d'amore.

Se non lo sono, non siate avari.

Ha sedici anni: forse è vostra figlia.

Non siate avari; ditele che c'è una vita che non è fatta di ore e di anni. È la vita dei sogni senza un perché, dei pensieri e dei sentimenti che guidano gli uomini.

Ha sedici anni, e forse è la vostra ragazza.

Ditele che la vita non è solo miseria e lavoro, rotocalco e televisione, denaro e piacere.

Insegnatele il valore di una carezza, il senso di una parola amica.

Quando l'incontrate, diteglielo.

Ha sedici anni, e ne ha tanto bisogno.

Occhi verdi

Due immensi occhi verdi e il calore del loro sguardo. Mi contemplavano nelle noiose ore di lezione mentre io mi chiedevo il perché. Ed ora che non li vedo più, avverto la tristezza della loro mancanza.

Perché essi erano fuoco e scoppio. Ora solo ceneri. Intensi, con visioni di idilliaca pace e di sterminate praterie mai calcate dall'uomo, verdi e chiari con riverberi dorati di sole: iridi immense aperte allo stupore della cattiveria del mondo, con ombre di paura, fisse.

Muta era la loro voce, chiaro il linguaggio che superava i limiti dello spazio e del tempo: ed io ascoltavo quella melodia che giungeva diritto al cuore. Mi parlava di sé e della sua tristezza, e ogni parola era una nota di acuta nostalgia: mi faceva rivivere i tempi di una lontana e felice fanciullezza, mi raccontava le fiabe di allora. La vita era fiaba che né gli uomini o le date o gli orologi o i doveri potevano minacciare.

E, in una sera di tempesta, la notte si fece più nera, e quello sguardo si affievolì, e mi fece sentire solo, finché si spense. Al loro posto, rimasero bagliori neri di notte cupa, che rivedo ancora quando sono triste.

Fiori di gioia bagnati

La favola dell'amore. Bella e seducente favola: due esseri che si incontrano e si amano, un viluppo di corpi e di pensieri, di energie violente e sussultanti.

Ti ho incontrata e ti ho amata.

Quando ti sento mia mi accorgo che manca qualcosa, e che una parte del tuo spirito mi sfugge e va alla ricerca di chissà quale ricordo o quale misterioso pensiero.

Mi accorgo di avere tra le braccia un essere che non può amarmi, un corpo acceso e un'anima in fuga.

Io mi perdo nell'amarti, e sento attorno a me i sogni bambini, quando, tutto solo, schernito, mi chiedevo se ci sarebbe stato qualcuno capace di amarmi.

E, per un sorriso avuto in un attimo triste, ho dato me stesso. Tu, la bimba senza volto inseguita nei miei sogni, mi hai dato il sorriso e la tua vita.

La triste e monotona realtà della vita scompare quando giunge inaspettato, e temuto, l'attimo dell'amore.

Un flusso di sangue violento e incontrollato e l'offerta muta, la paura e il piacere, la sottomissione e l'inquietudine.

E, dopo il respiro affannoso , le gote rosse di vergogna, l'ombra nera che avvolge gli occhi avvolti da una danza di punti d'oro, particelle di un sottile raggio del sole d'amore.

Ma, nel tuo sguardo c'è sempre una nota triste, e il tuo labbro ha sempre una piega amara.

Fremente o folle di languore, girando il capo mi mostri gli occhi socchiusi, e da essi traspare una luce sconsolata e tremante.

«*Proteggimi. È questo l'amore? Non farmi del male. Non te lo chiederò mai, ma tu dimmelo che mi appartieni*».

Questo mi dici con la prepotenza della tua anima assetata d'amore, quando ti abbandoni in un abbraccio privo di forza e caldo di energie d'amore.

Ma il tuo grido non è amore, è solitudine. Attendi senza muoverti.

In te entra la mia amarezza, ma tu non la senti, l'inquietudine del mio essere che cerca l'assoluto e non il brandello, l'attimo. Ti sfugge la mia intima essenza: la conosci e non vuoi affrontarla, perché sei debole o non conosci il sacrificio e l'abnegazione.

Non immagini quanta dolcezza e delicatezza c'è in questo amore: quando ti stringo fremente mi si svegliano in cuore sentimenti dolci di aiuto e di protezione. Quando ti bacio e sento la tua bocca acerba ed umida e vedo il tuo viso affilato e bambino, sento una vampata che è miscela di affetto e di amore.

E, durante il bacio quegli occhi aperti mi suggeriscono il piacere di avere un essere che mi segue: è meraviglioso non sentirsi soli.

Non senti tutto ciò?

È tutto vero, non c'è niente di artefatto.

Io amo: frase magica inventata ora da me con un significato nuovo, esprime fuoco, alito di vento dolce, e fresco, tripudio di colori, trionfo delle forze della natura, gioia di vivere.

È il mio amore, incompleto, perché la realtà quotidiana m'impedisce di esprimerlo.

Ma esso vive, e continua a vivere anche se tu non lo senti.

Quando ci ritroviamo a sangue caldo e mente leggera con la dura realtà, ci sentiamo spaesati dopo il ritorno dal mondo fiabesco e pagano in cui siamo vissuti per· brevi attimi.

E io mi sento solo con le mie favole, mentre la realtà ti porta lontano. La pioggia si accanisce sui miei fiori di gioia.

Non tardare all'appuntamento

Vieni in un'aula ad ascoltare una lezione.

Vedi tanti volti: gente accoppiata solo dall'aver pagato le tasse d'iscrizione, che niente ha in comune.

Quando entri, provi un senso di timore, perché tutti quei volti ti fissano, e tu sei costretto a fissarli tutti in blocco, viso gigantesco e ghignante: è il volto della folla e della massa che ti guarda crudele e tu sei impotente. Poi, ti siedi nei banchi e trovi gente affabile e amichevole: credi di aver trovato degli amici e tira una dolce aria cameratesca.

Ascolti la lezione: hai innanzi a te un uomo che parla e si agita, e si volge a tutti quei volti, cioè si rivolge all'anonimo, e al nulla. Ascolti parole che per te sono un suono, una musica più o meno dolce, mai cara.

Tu di solito non ascolti, non perché gli altri non ascoltano, ma perché ti senti estraneo e smarrito. Estraneo con l'aula e i compagni di banco: con te stesso e con il docente. Ma tu puoi aver fiducia in te stesso, nell'aula, nei compagni di banco e nel docente: per questo cerchi di ascoltare la lezione, di amare l'aula, di affezionarti ad essa e ai compagni di banco. Ma ti accorgi che non puoi, e che sei sempre più solo, e che arrivi sempre in ritardo agli appuntamenti con te stesso.

A te...

Il mio pensiero ti giunge quale voto di pace e d'armonia in te soffusa. Saldo rimani, e non senti il vuoto che ha un suo pulsar di nostalgia.

Riprendi il tuo andar che è sempre vivo di pace, di saggezza in te matura, così raccogli acqua dal mio rivo.

Bagliori

Talvolta l 'uomo cerca le strade.
Le trova e le percorre a seconda del ritmo del suo andare.
Vi è un ritmo di pensiero che talvolta rifugge dal sentiero
e preferisce la strada ampia.
Il sentiero è faticoso oppure è proprio nella fatica di pensiero che si trovano non già le oscillazioni ma i bagliori
che si cercano qua e là.
Moltitudini di uomini percorrono le strade: la capacità
del sentiero è aumentata?
Si è confusa.
I bagliori facilmente si confondono. Vi sono bagliori strani che appaiono all'occhio vivo e piacciono. Vi sono altri
bagliori che oscillano e poi splendono, ed è questo splendore che riscalda, ristora e ravviva le forze.
Nel mondo, però, c'è stanchezza.
Ma ci deve essere un angolo d'universo in cui non esiste
stanchezza, ma un bagliore immenso!

Note

Perché, in una giornata di pioggia, può venire un mal di
testa?
Perché quel mal di testa porta il pensiero della morte
come una nota melodica?
Cadono le gocce in un concerto funebre, il cielo è parato
a lutto.
La notte verrà senza stelle, la luce sarà coperta da nuvole.
Stanotte gli spettri della morte voleranno sul mondo.

Forse non morrò stanotte. Forse sì. Non so.
Le gocce cadono fitte fitte, le note sono sempre più acute.
Che fitta alla testa!
Sei tu, che suoni per me?
È inutile che mi ricordi la tua presenza.
Lo so che oggi sei qui, lo so che oggi sono debole e potrò soccombere nella notte.
Non ti chiedo di risparmiarmi.
Falciami, se vuoi; il mio usbergo è alle ortiche.
Sono indifeso senza amore, bagnato dalla pioggia.

La voce di Satana

Chiusi gli occhi e lo vidi.
Era lì davanti a me, col suo sorriso beffardo, con quel viso bello di una luce cattiva, in atteggiamento di sfida.
«*Così, hai voluto rinnegarmi, vero?*» disse Satana.
«*Da oggi in poi* - continuò - *ti sei detto: "Perché devo essere sottoposto a lui? Voglio essere io a poter dire di aver sbagliato; voglio essere io, e nonlui, il motivo dei miei errori". Ed ora vuoi fare senza di me. Avanti, spiegati. Non aver paura*».
Più che impaurito, certo, ero sorpreso.
Che cosa fareste voi se, tutto ad un tratto, solo dopo averlo pensato, vi comparisse Satana in persona?
Fuggireste. Io dovetti rispondergli:
«*Ho deciso di fare a meno del tuo aiuto.*
«*Ogni volta che capivo d'aver sbagliato, mi sentivo scontento. Non perché avevo sbagliato: perché c'eri tu, come scusa.*
«*Tutti mi dicevano: «È il diavolo che ti ha indotto in tentazione. Poveretto te: caccialo, prega Iddio che ti allontani da lui".*
«*E io gridavo: «Sono stato io, capite, io, non lui!"*

«Ma non mi ascoltavano e ripetevano: "Satana si presenta sotto vari aspetti: è cangiante, ora angelo, ora mostro".

«Insomma, a farla breve, ho cominciato ad odiarti, Satana. Non mi sentivo libero e cosciente di me e non potevo sopportare l'idea che tu mi possedessi.

«E oggi ho detto basta.

«Per me tu ora non esisti più. Più, più ...».

Satana mi ascoltò indulgente e mi rispose: «Sappi, mio caro, che non mi si può cancellare facilmente. Io sono nelle singole fibre di ognuno, sono nellanatura, nell'odio, nell'amore, nell'aria.

«Io lo domino, il mondo, perché lo posseggo. Tutti mi odiano, ma sono necessario.

«Tutti mi ignorano, ma mi conoscono. Oh se mi conoscono! Tu cosa fai?

«Scrivi, vero, diffondi delle idee?

«Ebbene, quando discuti queste idee con qualcuno, io sono lì e soffio.

«Te ne accorgi, vero, che ti confondo le idee?

«È semplice, sai?

«Una parolina fuori posto, e il tuo concetto è diverso. Sai perché nessuno ti ascoltava quando gridavi a tutti: «Sono stato io, non lui?". Perché io ero lì, cambiavo il tono della tua voce e la rendevo falsa.

«Tu conosci T..., vero?

«Un bravo ragazzo.

«Sappi che ogni sera vado a trovarlo perché lui mi chiama. Sapessi come ascolta i miei consigli!

«Il suo ultimo libro, ad esempio, gli l'ho dettato io. Infatti è piaciuto a tutti».

A questo punto lo interruppi e gridai.

Forse si spaventò. Forse ebbe pietà. Non so. Se ne andò, mentre io continuavo a gridare.

E quando aprii gli occhi, sentii l'eco che mi riportava le parole di Satana.
Ma la sua voce non era la sua.
Era la mia.

Il senso delle cose

Nella notte dei sensi mi chiedo dove posso ritrovarmi.
Ho il cielo e le cose attorno a me e devo guardare. Che io mi ritrovi nelle cose?
Le cose. Le cose.
Sì, voglio guardarle, toccarle, viverle, capirle, perché intravedo delle luci.
Domani sorgerà il sole ed il sole batterà sulle cose e ognuna di queste cose avrà un suo raggio e una sua fisionomia.
Stanotte la luna guarda il mondo e ogni cosa vive.
Che bagliori strani ha quel sasso!
Perché quell'albero si piega così tanto sotto il vento: cosa vuol dire il suo gemito?
E questo paesaggio, questo cielo?
Che strane sensazioni: quali energie vibrano, quali forze arcane sono nascoste?
Le cose. Le cose.
Soprattutto una strana armonia che vibra nell'Universo.
Io non posso vivere senza le cose.
Qualsiasi azione compia, ne trovo traccia nella natura, e mi accorgo che tutto il mio essere è aperto alle cose, e che ognuna di esse mi esprime. Vari sentimenti, varie fisionomie.
Gioisco: i raggi del sole sono caldi.
Soffro: lacrime di pioggia dal cielo. Amo: sboccia la primavera.

Uccido: il terremoto squarcia la terra, la valanga cade dai monti, la lava esce dai vulcani.

Cosa sono allora le cose che la natura ha dato, che io ho costruito?

Esse sono sempre lì nei secoli ad attestare una presenza muta e possente; la terra è il rifugio degli uomini, di tutti gli uomini, di qualsiasi età e nazione. Ma cos'è la terra?

Le foreste racchiudono bellezze misteriose e orride.

Cosa sono le foreste?

I monti racchiudono drammi e mostri. Cosa sono le montagne?

Gli oceani e i deserti racchiudono nel seno i misteri delle civiltà del passato.

E cosa sono gli oceani e i deserti?

Sono le «cose», sono le creature del Padrone del mondo, il ponte di passaggio fra la divinità e l'uomo:

«*Troverai Dio in tutte le cose, perché ne cerchi una Sola, e anche tu non potrai trovare te stesso altro che in «Lui»*».

Mi sono perduto e devo credere nelle cose: amo le cose perché sono la vita dell'umanità.

Quanti paesaggi, quante costruzioni: ognuna reca in sé l'impronta triste e gioiosa di chi li ha fatti.

Devo piangere sulle cose per capire il dramma della roccia e la vita del minerale, il gemito della pianta ed il guaito del cane, l'irruenza dell'onda e l' azzurro del cielo.

E quando nell'armonia dei mondi avrò trovato il mio posto, allora avrò trovato Dio.

Canti di vita e di morte

Cattedrali di pensiero, cupole di risposte che tendono al cielo sfrondate.

Molteplici risposte, una la domanda: «*Cos'è la vita?*», angosciosa e querula domanda che si pone all'uomo di tutti i tempi.

Unico il lamento.

«*Io vivo e muoio: perché vivo, perché muoio, e se vivo perché devo morire?*

«*Io sono tutta una vibrazione di vita, perché non posso trionfare, essere bello e potente, perché devo rinunciare al piacere di tuffarmi nellesensazioni di voluttà e dolore che i giorni e gli anni mi offrono, e perché tu, chiunque sia, Dio o padrone, natura o fato, non mi rispondi?*

«*Io non ti ho chiesto nulla: tu mi hai dato la vita. Se avessi saputo ben distinguere non te l'avrei chiesta; lasciamela la vita, sono affezionato all'ufficio, agli abiti fatti in serie, al rotocalco e alla macchina, al prete e alla donna e voglio continuare a vivere nella mia galera o nel mio appartamento di tre stanze, voglio che non cessi la mia vita anche se storpio, mendicante, relitto.*

«*Mi piacciono i passaggi che ha ogni uomo: amo la culla e la bara. E, innanzi alla culla io formulo la domanda; è il desiderio prepotente di vita che rimane inappagato. E innanzi alla bara io formulo la domanda; è la furia del mio essere che odia l'obitorio dell'universo e il marmo dei sepolcri.*

«*Perché io sono vita e morte? È il mio essere effimero come giornata di farfalla? Voglio saperlo subito, non dopo.*

«*Dopo quando? Allorché la mia forma senza vita sarà tronco corroso dai vermi?*

«*Amo l'inquietudine dei miei perché: ma che io viva, tremante, tra le forme*».

Così l'uomo grida all'universo.

Le grida diventano tumulto, il tumulto sommossa, la sommossa rivolta.

Ma la morte è la regina di un immenso regno, e i suoi sudditi non possono deporla: ha grandi poteri, compare nell'amore e nella nascita, non avversa alla vita che crea.

È in chiunque, alla radice di ogni sentimento e di ogni movimento, pronta a far suonare quelle campane che hanno un suono eguale per tutti, pronta a far scattare sul quadrante dell'Universo la lancetta che segnerà l'ora tanto temuta, vista sempre da lontano. Quell'ora che giungeva per gli altri e che invece era un richiamo per te.

Tu dicevi: «*E' toccata a lui, poveretto*», e credevi di allontanarla quell'ora: «*Ho ancora tanti anni: il cimitero è ancora lontano*».

File interminabili di cipressi che costeggiano lapidi e lapidi bagnate di lacrime.

Lacrime di chi ama la terra e non sa cosa essa sia, lacrime di madri e di poeti: la morte è madre.

Vincere la morte: tu vuoi vincerla e violenti i cieli, costruisci mummie, scopri medicine. Hai fretta di vincerla e fuggirla, ma essa è più veloce.

Anche Israele aspettava il suo Re che le desse la immortalità, e il suo Re venne, visse, morì e vinse la morte.

Israele aspetta ancora il suo Re, resuscitato dai morti.

Ma Israele è lumanità che non crede all'Avvento e con prepotente ostinazione ammazza il Messia.

L'ostinazione è terrore e coraggio.

Le cronache ci parlano dell'atteggiamento assunto dagli uomini innanzi al pensiero della morte: poeti e filosofi, scienziati e pittori, musicisti e letterati, eroi e sacerdoti, uomini-nessuno e profeti hanno espresso con i mezzi a loro disposizione la paura ed il coraggio della loro anima. Goëthe sogna una eterna giovinezza, Lamartine invoca la morte e la chiama «liberatrice», San Francesco la chiama «sora nostra morte corporale».

Orfeo canta prima di morire: «*Tutto ciò doveva avvenire...
vado a raggiungere gli Dei, addio a tutti*», mentre una fiamma profonda usciva dai suoi occhi calmi tra lo sgomento
dei sacerdoti di Zeus; Mosè invocò l'angelo della morte:
«*O Signore, ho vissuto potente e solitario, lascia ch'io mi addormenti nel sonno della terra*». Questo spirito impenetrabile
custodiva nel suo centro lo scopo finale delle cose come
la piramide di Cheope, chiusa al di fuori, conteneva nel
suo centro un sarcofago, per gli iniziati simbolo della resurrezione.

Krishna, prima di morire, fu trafitto dai dardi e colpito
dalle pietre: «*Ciò che traversa tutte le cose è al di sopra di
ogni distruzione... tutti questi corpinon dureranno, ma i Reggenti sanno che eterna, indistruttibile e infinita è l'anima incarnata*».

Lacordaire: «*Morire quando si può non morire, quando si ha
la onnipotenza per far regnare le proprie idee, morire unicamente per suscitare l'amore nei cuori, ecco quanto gli uomini
non fanno... ed ecco perché fino a tanto che vi sarà nel mondo un
Crocifisso, vi sarà altresì l'amore*».

Carducci, il grande pagano, sente la morte come una divinità, e la contempla con religioso stupore.

Giordano Bruno disse ai suoi giudici: «*Tremate
più voi nel pronunziare la mia sentenza di morte che io nell'accettarla*».

Utilità del dolore come processo d'evoluzione.

Si dice: «*Prega per chi è morto*» e dal mondo salgono le messe prezzolate; ma l'amore non conosce debiti, non conosce
parole false, non conosce incensi, conosce l'assoluto, l'immensità dei cieli aperti che rivelano i misteri delle tragedie e delle gioie, la risata degli uomini ed il silenzio di
Dio, conosce quelle fonti le cui acque mai bagnarono le
pile di tutte le chiese del mondo.

Cos'è la vita?

Conscio ed inconscio, l'uomo si innesta nella vita antico e nuovo, con il marchio che il mondo gli lascia come eredità, aperto a tutte le strade; alle sue spalle l'immensità, soffitto su cui rimbalzeranno i sogni ed i perché, innanzi a sé l'ignoto da scoprire: la culla, la tomba.

L'ansia d'infinito è la tragedia della sua vita mentre la sua problematica si arresta alla porta dei cieli chiusi: *«Cosa c'è di là? Chissà; si continuerà a vivere,spariremo nel nulla? Prendiamola con filosofia e non perdiamo di vista la vita».*

La fine si avvicina, mentre immobile c'è qualcosa che fissa con lo sguardo terribile del consolatore, lo stesso sguardo del Figlio dell'Uomo.

Ma l'uomo ha fretta e non ha tempo per vedere. La verità è scolpita nella natura, nelle anime e nelle grida di coloro che nei secoli seppero raccogliere e tramandare il messaggio.

Ma queste grida furiose danno fastidio all'uomo: *«Parole vuote, energie al vento, eccessive, retorica dell'universo».*

Quanti episodi piccoli e grandi, importanti e non, che l'uomo contempla indifferente e distratto!

L'uomo muore, solo.

E la vita continua.

«Sei tu?»

Un suono. È il campanello, il telefono?

Non voglio sentire.

Apro la porta: il solito viso.

Rispondo al telefono: la solita voce.

«Sei tu, sei tu?»

Ma deve proprio cominciare la mattina?

Voglio che mi svegli il sole, non il campanello, il telefono, il rumore del tram, le grida della gente, il clacson delle auto.

Il sole non c'è.

Piove, e ne ho rabbia.

Un'anima piange

Nella vita di ogni uomo c'è un Maestro.

Cioè, un altro essere che l'aiuta, gli spiega ciò che risulta incomprensibile, lo conforta nel dolore, si rallegra nella gioia, insegna.

Che sciocco nome: Maestro.

Esso ha assunto vari significati: è diventato odioso perché gli uomini ne hanno abusato.

Ho io un Maestro?

Facilmente si diventa maestri e altrettanto facilmente gli uomini diventano Maestri.

Il padre col figlio quando alla luce della sua vita vissuta gli spiega come comportarsi per farla sempre franca; l'insegnante col discepolo quando pretende di additargli il cammino della verità; l'amico all'amico quando crede di dargli consigli utili e disinteressati perché, si sa, gli estranei vedono sempre meglio che non gli interessati; e così via, il nonno col nipote, il generale col soldato, la suocera col genero, il più forte col più debole.

Io non ho dunque Maestri.

A me piace credere che esista una voce che parla da millenni alla coscienza degli uomini.

Il suo linguaggio è chiaro e duro, colmo d'amore per l'uomo.

Egli conosce l'ironia e le cose, l'ira e l'anima, il dolore e
Dio. E parla da sempre e il suo dire non è udito appunto
perché sempre si ode in ogni attimo e manifestazione del-
la vita. A me piace credere nella sua esistenza che annulla
la mia solitudine e la mia sete.

Non lo chiamo Maestro, anche se ha il diritto di insegna-
re. Posso attribuirgli tutti i nomi che voglio, perché tutti li
calza alla perfezione. Perché dargli un nome e definirlo?

E la vita, che non deve essere definita perché non può es-
sere capita dall'uomo nella sua intera essenza. Quel che
conta è che esiste. Per me.

Mi dice da dove viene: dall'Immensità senza confini, la
cui vita può essere definita soltanto con un vibrare di pen-
siero. Ci vuole capacità per saper vedere questa realtà:
nello spazio, fuori dallo spazio, nell'Immensità.

Chi è dunque?

Una rivelazione pensiero...

Non si adagia in nessun luogo, percuote un'onda e l'onda
ipersensibile non fa altro che trasmettere il suo vibrare.

Un palpito strano, un palpito arcano?

Strano no, arcano sì!

Ed io voglio ascoltare questa voce per volare verso i cieli
e le anime chiuse.

La Potenza dell'Arcano non mi offrirà una terra astrale
da poter coltivare, ma ascolterà il mio pianto che non è
lamento o rivolta, ma preghiera conscia del mio essere
contorto.

I FRATELLI MINORI:
FATTI DI ANIMALI E DI UOMINI

Prefazione

Dalla lettura del libro di Mino De Chirico «I fratelli minori - Fatti di animali e di uomini», si riceve un 'impressione globale di linearità e comprensibilità, segno di conoscenza vissuta dei problemi trattati.

È per me un compito assai piacevole presentare quest'opera per l'attività svolta nel campo della zoofilia dall'autore, al quale sono legato da personale ed affettuosa amicizia, anche perché veniamo dalla stessa scuola Ciaburri, Bonuzzi e Bordoni, cui Mino De Chirico ha tributato un giusto è doveroso riconoscimento per il contributo decisivo che costoro hanno portato alla causa antivivisezionista con le loro innumerevoli opere, alle quali, come giustamente afferma l'autore, tutti noi abbiamo attinto.

Mi sia permesso qui aprire una piccola parentesi e di citare la pubblicazione (Bologna, 1971) del Prof Ciaburri «La sperimentazione sugli animali» che, tradotta in più lingue, contribuì alla sua fama internazionale di antivivisezionista.

È una denuncia alla pseudo-scienza, agli apprendisti stregoni, al crimine della vivisezione ingiusta e repressiva, alla panoramica di un universo meschino, antropo-centrista, intriso di specismo. Con Ciaburri, la polemica contro la vivisezione si trasforma, in quel periodo, in cosmologia morale che investe ogni uomo civile.

Il libro verte sul difficile rapporto dell'uomo con gli animali, e la grande responsabilità che egli ha verso di essi ed il loro mondo, che, per noi esseri umani, è un grande mistero.

Un mistero denso di angoscia, che basta da solo a farci riconoscere le contraddizioni e gli interrogativi che governano questo difficile rapporto.

Per troppo tempo si è tralasciato l'importanza capitale della difesa del mondo naturale. Purtroppo, l'uomo ha sempre guardato soltanto al lato utilitaristico delle cose, pur avvertendo quel senso di disagio o di cattiva coscienza che lo ha sempre accompagnato in questa lotta spietata che egli ha condotto fin dalle origini contro gli animali per sottometterli o distruggerli.

Il libro di Mino De Chirico vuole questo: denunciare alla pubblica opinione l'ingiusto predominio dell'uomo sugli esseri più deboli del creato: i «fratelli minori», come lì chiamavano San Francesco d'Assisi e Tolstoj, Papa Paolo VI, ecc.

Se è vero che in questa lotta l'uomo ha messo un particolare accanimento ed ha dimostrato tratti inconfondibili di ferocia, è pur vero che qualcosa in lui si è sempre ribellato contro quest'istinto di distruzione e morte, Non c'è cacciatore che non abbia, almeno una volta, provato un brivido inspiegabile dinanzi al mite occhio sbarrato di un animale abbattuto, o al volo spezzato di un uccello in fuga disperata verso la libertà.

Ricordo, da bambino, il nostro macellaio, un uomo burbero ed aspro, che, per ammazzare un agnellino, aveva bisogno, prima, di prendersela con qualcuno, litigando con un pretesto qualsiasi.

E chi di noi non è stato mai preso da turbamento dinanzi alla meraviglia di grazia che si sprigiona da una nidiata di micini o di cagnolini, da una covata di pulcini, da un branco di agnelli su un prato in primavera, pensando alla sorte che, per un motivo o per l'altro, abbiamo già fissato per loro?

Ed è proprio vero che, per superare questo disagio, non ci sono di nessun aiuto le parole di chi tira in ballo, a ogni piè sospinto, la dignità dell'uomo e la sua superiorità sul creato e sugli animali.

Per restare un momento dai tetti in giù, questa della superiorità dell'uomo

è una constatazione, non una giustificazione.

La distruzione delle specie animali «nocive», la dilatazione di quelle utili, insomma, il controllo della vita animale da parte dell'uomo, è il dato di fatto che stabilisce la sua superiorità. Ma superiorità vuol dire anche dignità maggiore? Tutti ne sono convinti, al punto che solo il porre una domanda di questo genere suona blasfemo.

D'accordo, ma è proprio su questa dignità dell'uomo, il che è come dire sulle giustificazioni e sulle modalità della sua superiorità sul resto del Creato, che si discute, e che le risposte differiscono.

Perché la nostra superiorità si possa definire anche dignità maggiore, bisognerebbe poter affermare che la nostra affermazione comporta un bene per il resto del Creato, o almeno per una buona parte di esso. Ma siamo proprio sicuri di questo?

Noi, ad esempio, crediamo di avere, o di aver sempre avuto, le idee molto chiare sulla soppressione o sulla limitazione dell'espansione demografica di quella o di questa specie animale. Ma, a parte che, come mi disse una volta scherzosamente Mino De Chirico, sarebbe assai interessante sapere cosa pensano della nostra espansione demografica i gatti, poniamo, o i colombi, resta il fatto che le nostre idee chiare sulla regolamentazione del mondo naturale e animale ci stanno incamminando verso una catastrofe ecologica di proporzioni immani.

Dinnanzi alla requisitoria esplosiva dell'autore contro la bestialità umana, non soltanto vacilla il discorso sulla dignità dell'uomo, ma perfino la sua superiorità rischia di apparire una sinistra maledizione per sé e per gli altri esseri.

Al punto in cui siamo, cosa vale ancora l'orgogliosa affermazione del vivisettore che «siamo uomini e non bestie», e proclama su questa base il suo indiscriminato diritto a disporre degli animali a servizio esclusivo dell'uomo?

E, come va inteso, ed entro quali limiti, quel dominio sulla Natura e sugli animali che Dio ha dato all'uomo, secondo il famoso passo biblico?

Luigi Macoschi
Presidente della Lega Antivivisezionista Nazionale

Ringraziamenti

Entrò all'improvviso 18 anni fa.
Lo chiamai Scaramouche perché era nero con un ciuffetto bianco e tanta voglia di graffiare.
Il mio gatto mi ha fatto compagnia dividendo gli anni più importanti della mia vita.
Con suo fratello Cartouche, altro trovatello.
Ora Scaramouche è malato, e vive con grande dignità questo suo stato. Continua a graffiarmi e a farmi le fusa con la stessa intensità, ma quel male lo rode.
Dedico a lui queste pagine, la raccolta degli scritti di ieri e di oggi. Scrivevo, e Scaramouche mi stava in grembo.
Sono dedicate a lui queste pagine, con la storia dei suoi fratelli, quei nostri "fratelli minori" così poco amati.
Pagine di tributo alla Zoofilia, anche attraverso coloro che l'hanno interpretata e che ho conosciuto, descrivendoli così come mi sono apparsi.
Ho ritenuto doveroso farlo.
Ed ora anche un vivo ringraziamento ad Anna Castellazzi e a Chiara della Campa, che hanno compiuto la fatica di capire la mia scrittura dandole la dignità dei caratteri dell'Olivetti elettrica.

L'Autore

Animali

Animale in Chiesa

Con molta buona volontà, Mons. Fusaro ha tentato di dimostrare che la Teologia Cattolica è favorevole al mondo sub-umano. Apprezzo molto la figura di Mons. Fusaro che, a differenza dei suoi colleghi di tonaca, ama veramente gli· animali; ma la sua buona fede l'ha condotto troppo in là; non poteva né dire né fare diversamente, ma la realtà è che la Chiesa Cattolica è ostile agli animali.

C'è in lei, come vedremo, una sottile vena di razzismo che non ha mai sconfessato apertamente. Tutti i documenti ufficiali della Chiesa Cattolica non vanno al di là di generiche affermazioni di principio, secondo cui anche per questi esseri viventi, bisogna avere rispetto. E fin qui va tutto bene. Ma le conseguenze e i fatti smentiscono quelle che potevano essere le buone intenzioni. Mons. Fusaro ha descritto le voci cattoliche a favore: io ricorderò le voci contrarie, che sono purtroppo in maggioranza. Se leggiamo la Rivista "Famiglia Cristiana" del 26 maggio 1968, riscontriamo che l'articolo di Bernhard Heirig, che avrà dato un dispiacere a Mons. Fusaro, sembra uscito da uno spirito inquisitorio. Si arriva ad affermare che gli Enti Zoofili posseggono «*un animismo primitivo*» e a riaffermare il rozzo concetto antropomorfico che l'uomo è «*la sola creatura che Dio abbia voluto per sé*».

L'uomo è il centro dell'universo e tutto a lui è sottomesso: ma chi l'ha detto? Si dice che l'abbia affermato la Bibbia.

In realtà, una lettura non superficiale della Bibbia (*Genesi I, 28-30*), rivela che è scritto tutto il contrario, e che non si codifica affatto un padronato dell'uomo sull'animale, neanche a scopo di cibo.

Anzi, in *Genesi 9, 2-5* più esplicitamente si dice che l'uomo non dovrà mangiare carne contenente sangue.

Allora, dov'è sancito questo potere assoluto? Nell'interpretazione dei traduttori, giacché nelle intenzioni del Padreterno è da escludere, nel modo più assoluto, la volontà di investire l'uomo di poteri di vita e di morte sulle creature. E allora tutto si spiega.

Si spiega perché nel Medioevo venivano processate le cavallette, dopo essere state scomunicate, perché accusate di essere agenti provocatori di Satana, e perché venivano bruciati i gatti sul rogo incriminati di magia assieme alle streghe. La serietà con cui venivano fatti i processi agli animali non è da prendersi come una curiosità storica, ma sibbene rivela un atteggiamento coerente, e cioè, l'ostilità e l'indifferenza di quei prelati verso un mondo che non hanno mai capito, ma sempre temuto.

Un mondo sconosciuto, troppo ricco di fascino per essere contenuto in una Summa Teologica: un mondo che non poteva essere depredato. Poteva solo essere eliminato. Il mondo di Giordano Bruno, che sapeva di eresia perché vedeva Dio ovunque, di S. Francesco d'Assisi, incomodo, perché amava Dio anche nel filo d'erba, e disturbava il potere temporale della Chiesa umiliandolo con la semplicità dell'amore. Si dirà: steccati storici del passato da superare. Non è vero. Perché, quando padre Gemelli giustifica, alla luce della dottrina cattolica, la vivisezione, arrivando a proporre il taglio delle corde vocali ai cani, non fa che ripercorrere le tappe della crudele indifferenza del «Tempio» contro gli animali. E a chi si permise di protestare, padre Gemelli affibbiò l'anatema di «*seguaci di fioretti fittizi*». Da sottolineare: padre Gemelli era francescano ... Si dirà: opinione di uomo, non fa testo. E non è vero, giacché la Chiesa, come abbiamo letto nel summenzionato articolo di Civiltà Cattolica, non è favorevole alle campagne contro la vivisezione.

E c'è di più; egli scavalca addirittura la Scienza, tanto è il timore di doverle

restare indietro, E non lesina benedizioni a tutti i tipi di sperimentazione. Tranne qualche Cardinale della Chiesa Anglicana, come il Cardinale Manning, non c' è stata una sola voce ufficiale della Chiesa Cattolica che abbia avuto il coraggio di condannare gli orrori della vivisezione. Solo un ambiguo silenzio. Benedetta la vivisezione, quindi, e benedetti i campi di tiro al piccione (vedi cosa fece qualche anno fa Mons. Ricci a Bologna).

È come benedire un plotone di esecuzione. Assurdità!! Vengono anche benedetti i fucili di cacciatori (che prima di andare in brughiera vanno a sentir Messa all'alba) da un prete frettoloso, perché desideroso anche lui di andare a impallinare tordi. La celebrata tenerezza di alcuni Santi è ampiamente sommersa dall'infaticabile attività venatoria dei Papi, che a questo sedicente sport hanno dedicato anche un Santo: S. Uberto. Si dirà che non si deve generalizzare, e che si deve avere un po' di senso storico. Ma neanche questo è vero perché, quando ha voluto, la Chiesa è intervenuta proibendo la corrida, per esempio (dimenticandosene subito dopo, però) o elevando agli onori dell'Altare addirittura un cane, come S. Adiutore, protettore di Cava de' Tirreni. Questo significa che è mancata una precisa volontà di agire.

Si comprende, quindi, perché Pio IX non consentì che fosse fondata a Roma una Società per la Protezione degli Animali, affermando «*che era un erroreteologico supporre che l'uomo avesse dei doveri verso gli animali*»; si capisce perché Pio XII parlando ai cacciatori disse che il loro sport era «*costumanza che acuisce i sensi costituendo uno svago sano*», e si comprende anche perché, nell'Enciclopedia Cattolica, si legge che non esiste la celebrata tenerezza di alcuni Santi, i quali si limitavano a considerare Dio il Creatore di tutte le cose create, e di conseguenza anche del Regno Animale. Più avanti si legge ancora che è da considerarsi dannoso per la società, e per il prossimo, lasciare denaro per scopi zoofili. Non fa meraviglia, in questo squallido contesto, che suor Candida, madre badessa di un Convento di Bergamo, esca dalla sua cella per dar mano con grande profitto al "roccolo del Pascolo dei Tedeschi, il prete cacciatore e il prete matador". Quando poi si giunge al caso dell'infame prete di Asti, che è stato condannato per avere ammazzato un gatto, reo di avergli sporcato la Chiesa, abbiamo il pieno diritto di dire che, per quanto riguarda gli animali, siamo ancora in un profondo oscurantismo inquisitorio.

Con notevole frequenza vengono segnalati episodi dì maltrattamenti compiuti da religiosi contro animali, che, pur non arrivando ad avere il risalto di quanto avvenuto ad Asti, non sono per questo meno censurabili. Perché, mi domando, quest'odio templario per di più innocenti esseri del creato cui hanno voluto, chissà poi perché, vietare l'anima che hanno nel nome? Jean Gautier, Ermenegildo Fusaro, sono voci isolate che tentano di scalfire un vile silenzio di millenni: non bastano. Esistono, è vero, molti preti che hanno animali in Canonica e ne predicano l'amore, ma noi avremmo voluto vedere chiarite tutte le posizioni delle gerarchie ecclesiastiche per avere una parola più sicura e precisa.

Il silenzio pesa anche su questo 4 ottobre. A noi non interessa in modo particolare che anche gli animali entrino in Chiesa, come avveniva prima che Carlo Magno impedisse loro l'accesso, anche se non ci è dispiaciuto assistere a funzioni celebrate in altri paesi, in cui la gente partecipa con i propri animali creando un clima di religiosità più sincera. Noi siamo convinti che, malgrado le migliori intenzioni di alcuni esponenti, l'atteggiamento ufficiale della Chiesa non muterà. Sostanzialmente, di questa grettezza mentale non ce ne importa nulla: abbiamo capito che, attraverso la benedizione della tortura agli animali, soffia la sfida dell'intolleranza del Tempio.

E la condanniamo pubblicamente, con l'umiltà degli uomini liberi, perché ci sentiamo partecipi della sofferenza dei nostri «fratelli minori».

Oggi contro l'ipocrisia del silenzio.

Come ieri contro la violenza del rogo.

da *Zooespresso* del 20.7.1972

Il santo che abbaia

Il Prof. Vitale De Rosa, insegnante di Agiografia della Pontificia Facoltà Teologica dell'Italia meridionale, ha letto il mio articolo «Animali in Chiesa», e lo ringrazio per l'attenzione che mi ha dedicato. Che cosa l'ha colpito? L'indifferenza della Chiesa verso gli animali, i preti che contribuiscono a massacrare tante creature innocenti con il silenzio, e predicano la legittimità della vivisezione e della caccia? No, l'agiografo è stato colpito solo dal cane santo. Un santo che abbaia? Inaudito, inconcepibile, intollerabile. Vede solo la storia dei Santi: quella dolorosa, delle vittime innocenti, gli resta estranea.

E, allora, precisiamo. Domenico Apicella, nella sua pubblicazione «Il Castello di Cava e la sua festa», edito nel 1967, a pag. 8 tratta la questione.

Scrive che uno scrupoloso storico del Reame di Napoli, il prof. Andrea Genoino, gli bisbigliò che S. Adiutore, protettore di Cava de' Tirreni, non fosse un uomo ma un cane. Il marchese Genoino era persona troppo seria per fare la storia con le chiacchiere, e certamente doveva aver letto la cosa da qualche parte per accennarne.

La questione, scrive l'Apicella, fu trattata anche dal P. Cesare Andolfi O.P.M. di Rodi, in un articolo pubblicato nel 1965 dalla Rivista «Historia»; affrontando il tema dei Santi raffigurati con la testa di cane, si affonda nelle leggende del Medioevo, in cui i Santi, per mortificarsi, chiedevano a Dio di essere tramutati in animali.

S. Adiutore, uomo o cane? Se il Santo avesse seguito la tradizione bizantina, che toccò anche a S. Cristoforo Cinocefalo, di essere raffigurato con la testa di un cane, il buon marchese Genoino non ne avrebbe parlato sussurrando la cosa nelle orecchie.

Doveva aver letto proprio qualcosa di ben documentato per parlarne così cautamente.

Ecco, quindi, da dove ho ricavato la notizia.

da *Zooespresso* del dicembre 1972

Don Mario Crippa, prete assassino

Un prete che uccide un gatto è due volte assassino: uccide un essere vivente e assassina la morale.

Ci siamo ricascati, ancora una volta in un misfatto assurdo, crudele, tale da lasciare sbigottiti.

E ancora una volta sono stati i bambini a denunciarlo, con la loro innocenza violentata.

È accaduto a Milano; questa volta l'ignobile prete ha avuto un complice, un cuoco.

Com'è andata? Pare così: il gatto aveva fame, come tutti i gatti di questo mondo. ·

Li lasciano crepare di fame per le strade.

Anche gli uomini hanno fame e uccidono per fame.

I gatti non uccidono per fame.

Dicono che rubano: prendono, invece, quello che è loro diritto e che nessuno rispetta.

È entrato nelle cucine del Convitto milanese dei Salesiani; quel giorno c'era coniglio.

È stato ammazzato a bastonate dal cuoco e dal prete.

Il prete si chiama don Mario Crippa; il cuoco Guido Setti. Agli Agenti Zoofili hanno confessato, senza traumi, di aver buttato l'animale nella spazzatura.

Ma sono stati visti e denunciati.

Forse saranno condannati, se la giustizia arriverà fino in fondo.

Una pena troppo mite per un atto così vile: l'indignazione della gente è salita alle stelle, ma si può star certi che anche di questo prete assassino, dopo qualche tempo, nessuno se ne ricorderà più, ed egli continuerà a dir Messa e a confessare i peccati altrui.

Il suo, l'avrà confessato al giudice, ma dubito che il Padreterno l'abbia assolto.

Questo prete, che non ha capito niente della sua Religione (o forse l'ha capita fin troppo bene: il Cattolicesimo non ama gli animali), meriterebbe di essere massacrato di botte sul sagrato della sua Chiesa, Chiesa in cui lui non dovrebbe più metter piede.

I suoi superiori non avranno il coraggio di prendere provvedimenti: staremo a vedere se lo faranno.

Ma, qualunque cosa dovessero fare, sarà sempre ben poca cosa per questo scellerato, mancato come uomo, fallito come prete.

Dubito che le indulgenze che avrà raccolto nei suoi anni inutili potranno salvarlo.

Gli uomini l'hanno condannato nel cuore: se lo ricordi, don Mario, quando celebrerà la domenica la Messa di mezzogiorno.

Un gatto è inchiodato sul crocifisso.

da *Natura Nostra* del luglio/agosto 1973

Vivisezionare un cane costa solo 4.000 lire

L'avversione alla vivisezione è antica: da Celso a Victor Hugo, è la voce della coscienza umana che, a fasi alterne, si eleva contro un metodo secondo il quale, per usare le parole di Klein, «*lo sperimentatore fisiologo, la cui attenzione è tutta assorbita dalla Scienza, non può avere né il tempo né ildesiderio di occuparsi dei dolori della sua vittima*».

Il dogmatismo dell'ineluttabilità della tortura scientifica, a cui vengono sottoposti gli animali, è stato intaccato dalla libera critica di uomini di pensiero e di scienza come Tolstoj e Ardigò, Voltaire e Murri, Shawe Much; attualmente, un profondo processo di revisione critica, alimentato da un'opinione pubblica lentamente maturatasi al problema, investe la sperimentazione sugli animali, che Tolstoj amava chiamare «*i nostri fratelli minori*».

Medici, studiosi, ricercatori, hanno portato il loro contributo critico e di protesta: io resto nel campo di mia competenza, e osservo che la normativa in materia risale a quarant'anni fa.

La Legge del 12 giugno 1931, n. 924, modificata con Legge 1 maggio 1941, n. 614, non ha avuto ad oggi sostanziali cambiamenti, tranne Circolari chiarificatrici del Ministero della Sanità.

Con l'istituzione delle Regioni, l'attività di vigilanza è di competenza dell'Assessorato Regionale alla Sanità, che si avvale dell'opera delle Guardie Zoofile dell'ENPA, laureate in Medicina e Chirurgia o in Medicina Veterinaria. Nella realtà quotidiana, l'attività di controllo non può essere, per un complesso di motivi, né facile né tempestiva; si pensi alla molteplicità dei controllati e all'esiguità dei controllori, nonché alla mancanza di mezzi e di strutture idonee che consentano controlli incisivi e costanti e garantiscano, quantomeno, l'autentica applicazione della Legge.

In attesa di una nuova normativa, auspicata da vasti strati dell'opinione pubblica che ha destato serie preoccupazioni ai giovani leoni in girocollo della ricerca e nel mondo commerciale dell'Industria Farmaceutica, con Circolare del 18 febbraio 1974 il Ministero della Sanità ribadiva che non sarebbero state concesse nuove autorizzazioni; in realtà si è avuto modo di osservare recentemente che sono state concesse diverse autorizzazioni ad Istituti che, ad un accurato controllo dell'Ispettorato Regionale da me condotto, risultavano essere state precedentemente contravvenzionati per violazione della Legge sulla Vivisezione.

Sulla legittimità di tali autorizzazioni, è stata avviata, dai competenti organi centrali dell'ENPA e della Prefettura di Milano, un'accurata inchiesta.

Si avverte, in ogni modo, la necessità di rivedere opportunamente la materia che, con l'entrata in vigore della Legge 24-12-1975, n. 706, diverrà, di competenza, essenzialmente amministrativa.

Infatti, secondo tale Legge, tutte le violazioni per cui è prevista solo la pena dell'ammenda, tranne quanto previsto dagli art. 10 e 14 della Legge stessa, non costituiranno reato, ma saranno soggette solo alla sanzione amministrativa.

Significa, cioè, che se oggi le Guardie Zoofile denunciano coloro che violano la Legge sulla Vivisezione al Pretore, che procede nella forma del Decreto Penale di condanna, dal primo luglio i verbali saranno inviati alle Prefetture; il che, sotto il profilo della celerità (senza con questo voler far torto alle Preture Penali che si vedranno alleggerite di molto lavoro) consentirà valide garanzie. Ma, il discorso è a monte: l'irrisorietà dell'ammenda che va da L. 4.000 a L.6.000 e raddoppia in caso di recidiva, offende la coscienza dell'opinione pubblica, che reclama per i trasgressori un maggior rigore.

Sperimentare di contrabbando su un gatto viene a costare meno che evadere l'IVA: la reclusione si appalesa pertanto la pena più idonea. La normativa rientrerebbe così in campo penale, ove, oltre ad un potenziamento di effettivi controlli, la responsabilità dei trasgressori troverebbe la sede più idonea per la valutazione. Vivisezione come delitto, non come illecito amministrativo.

Il ritenere che tutta una materia così dolorosa, perché riguardante la sofferenza spesso inutile e crudele di migliaia di esseri viventi, possa avere un carattere essenzialmente amministrativo, è in contrasto con l'opinione di chi considera la vivisezione reato.

E non credo ci sia bisogno di scomodare i principi fondamentali del Diritto Penale per ricordare che tutto ciò che riguarda gli attentati alla vita di ogni essere vivente, è materia di Diritto Penale.

Giova inoltre ricordare che un appropriato uso del diritto di costituzione di Parte Civile dell'Ente Nazionale Protezione Animali, validamente riconosciuto in un importante Sentenza del Pretore di Milano, dottoressa Siotto, in questo campo costituirebbe un ulteriore scoraggiamento per i trasgressori che, con la duplice prospettiva della reclusione e del risarcimento del danno, si atterrebbero al rispetto della Legge.

Il discorso ovviamente non è solo di carattere sanzionatorio, ma una nuova normativa sarà possibile solo con il coraggioso superamento di un antropomorfismo medioevale che incatena il costume alla concezione dell'uomo padrone e colonizzatore della terra.

Che cosa c'è di più ignobilmente grottesco che negare all'animale la sensibilità e l'intelligenza dell'uomo, per poi usarlo come esperimento per illustrare, appunto, problemi di psicologia umana?

Innanzi alla verità delle cose si rischia sempre di sentirsi rispondere come quell'avversario di Galileo, che, dopo aver scoperto la realtà del cielo, nel cannocchiale diceva: «*Non ne voglio sapere altro. Quegli occhiali m'imbalordiscono la testa*».

dal *Corriere della Sera* del 12 gennaio 1976

ENPA da vivisezionare?

L'Ente Nazionale Protezione Animali è giunto all'ora della verità: domenica venti rappresentanti regionali eleggeranno il nuovo Consiglio Nazionale.

Dovrebbe così chiudersi una lunga crisi dell'Ente che, per i suoi compiti ed il suo insopprimibile ruolo dì difensore degli animali, è stato annoverato tra gli Enti utili dalla Legge 20 marzo 1975, n. 70.

Dalla prima Società per la Protezione degli Animali, sorta a Torino nel 1871, alla Legge Luzzati del 12 giugno 1913, dopo la riunione in Federazione delle varie Società Zoofile sorte con il R.D. 28-1-1928, n. 55, si pervenne all'istituzione dell'ENPA con Legge dell'11 aprile 1948, numero 612; il R.D. 2 maggio 1939, n. 1281, stabilì le norme regolamentari dell'Ente, successivamente modificate con L. 19/5/1954, mentre lo Statuto dell'ENPA fu approvato con D.P.R. 19/12/1962, n. 1293.

Quantunque le finalità dell'Ente siano chiaramente illustrate negli atti costitutivi, ciò non di meno l'ENPA è ancora tutto da conoscere, sia da parte della pubblica opinione, sia da parte dei soci che lo compongono. Spesso, anche da parte degli stessi amministratori dell'Ente, per cui credo che, se ancora oggi molti problemi in campo protezionista sono ancora insoluti, lo si deve proprio ad un'errata visione dell'Ente, e al ruolo (non sempre noto) che deve svolgere nel campo della difesa della natura e degli animali.

L'ipoteca antropomorfica, il pregiudizio latino, una sorta di razzismo occidentale, che conduce a considerare inferiore tutto ciò che non sta ritto su due zampe, hanno contribuito, da una parte a relegare il protezionismo attivo all'epoca di Jack London, dall'altra a trascurare la necessità di potenziare tutte quelle strutture di un Ente, che oggi sopravvive grazie al volontariato e a un contributo statale che a malapena riesce a coprire gli stipendi dei dipendenti e le spese vive per il funzionamento degli uffici e dei servizi essenziali. Su queste basi non poteva non nascere una grave crisi che, alimentata da altre vicende, su cui toccherà agli organi competenti interessati fare luce, ha condotto sostanzialmente ad una paralisi.

I gravi fatti di Seveso, la vivisezione cruenta, la strage dei cani di Imperia, la caccia, l'uccellagione, e tante altre crudeli torture degli animali, che non si riesce a debellare, trovano una logica di vitalità nella crisi delle strutture di un Ente che, malgrado tenaci sforzi dei suoi amministratori, non riesce a darsi l'incisività che gli compete.

Se, infine, si aggiunge una disinformazione quasi generale delle attività e dei limiti in cui opera l'ENPA, il quadro generale è sconsolante: tutto da scoprire e tutto da conoscere. Come pretendere, ad esempio, che possano essere effettuati controlli efficaci sull'osservanza dell'attuale Legge sulla vivisezione, quando le Guardie Zoofile preposte a tale compito sono talmente esigue da essere numericamente insufficienti alla vastità dell'impegno? E come pretendere di scoraggiare la vivisezione illecita con la sola e semplice ammenda da quattromila a sedicimila lire, quando un divieto di sosta viene a costare di più del divieto di scorticare vivo un cane abusivamente? Come pretendere di debellare le atroci crudeltà a cui ogni giorno in ogni città vengono sottoposti migliaia di animali di ogni specie, se poi le stesse Leggi della convivenza sociale, spesso con il beneplacito delle pubbliche autorità, consentono di mettere al bando gli animali dalle nostre città? E ancora, si è proprio convinti che l'aver permesso e tollerato la presenza di ogni sorta di veleno nelle nostre città non sia anche il frutto di quella trascuratezza che ha condotto da decenni ad ignorare la necessità di rivedere i nostri quotidiani rapporti con la natura e con gli altri esseri che l'abitano?

L'aver scoperto l'ecologia non è forse stato un alibi per giustificare anche le inerzie? Io credo che nel momento in cui, dopo inutili predicazioni, è apparsa inevitabile la necessità di rivedere il nostro rapporto con la natura, proprio allora altrettanto ineluttabile è apparsa la sconfitta.

Eppure, il problema parte da molto lontano e da fatti semplici: è nel gatto randagio a cui il traffico non concede scampo, nel pettirosso preso a fucilate perché la caccia non gli consente il diritto di vivere, nella tigre braccata tra le sbarre di uno zoo per ricordare ai nostri figli l'esistenza di una specie estinta dal colonialismo consumistico, nell'agonia di un gabbiano incatramato dal petrolio, nei cuccioli di foca assassinati a bastonate per soddisfare la vanità della moda.

Che spazio allora può esserci per un Ente preposto alla protezione degli animali che, per comprare una matita, deve fare un'asta?

Ma in realtà, anche nel caso in cui l'Ente Nazionale Protezione Animali avesse una robusta iniezione di mezzi e di persone (il che sarebbe auspicabile), i maltrattamenti non potrebbero essere mai seriamente eliminati, giacché la ipocrisia è nella stessa Legge, e quindi nell'inciviltà che l'ha partorita.

A cosa serve infatti scomodare dai loro compiti i Vigili del Fuoco per liberare un passero, se poi questo deve finire nella rete degli uccellatori, affinché venga celebrato il rito gastronomico della polenta con uccelli?

A cosa serve mantenere decine di rifugi di animali abbandonati, se poi si consente che questi vengano tagliuzzati e dissanguati sui tavoli anatomici?

A cosa serve mantenere in vita l'art. 727 del Codice Penale, striminzito baluardo della protezione degli animali, che in realtà non difende affatto gli animali bensì il sentimento della comune pietà dell'uomo che si turba quando un animale viene maltrattato? E perché vietare pubblicamente la vivisezione quando è consentita al riparo degli sguardi indiscreti?

Non può un Ente continuare ad esercitare una pseudo-tutela quando anche la stessa Legge gli è contro.

dal *Corriere della Sera* del 9 dicembre 1976

Se l'ENPA fosse l'arca di Noè

Si sta discutendo il ruolo dell'ENPA, l'Ente Nazionale Protezione Animali, nell'attuale contesto sociale.

L'argomento è ritornato d'attualità con la notizia che la Legge 382 intenderebbe fare giustizia sommaria dell'ENPA.

È un Ente inutile, è giusto abolirlo, e perché?

Sembra che adesso i protettori degli animali a loro volta abbiano bisogno di essere protetti: il dibattito è aperto e tutte le componenti interessate stanno intervenendo.

C'è chi dice che, se quelli dell'ENPA avessero espletato con zoofilia i loro compiti evitando l'insorgere di polemiche o situazioni discusse, probabilmente non si sarebbe giunti a questo punto, e ricordano la Legge del 20/3/1975 che pur considerava l'Ente necessario.

Altri dicono che questo Ente è stato trascurato dagli organi tutori, e che la crisi di struttura era inevitabile.

Altri ancora, agitando le reliquie di Garibaldi che nel 1870 tra una guerra di indipendenza e un soggiorno a Caprera aveva trovato il tempo di fondare a Torino una Società protettrice degli animali, sostengono a spada tratta la necessità di non toccare l'ultimo baluardo nazionale della difesa degli animali. E, infine, c'è chi si domanda se, tra le tante cose a cui si deve pensare, sia proprio il momento di preoccuparsi della sorte di un Ente che riguarda una minoranza scapestrata di cittadini, che si preoccupa degli animali e non delle sorti (ahimè non felici) degli uomini. ritenendo che il profondere quattrini (anche se pochi) per un Ente che provvede agii animali è un lusso che non ci si può permettere.

Come sempre succede, una risposta obiettiva non è facile, poiché tutte queste voci hanno un fondamento, ed occorre avere il coraggio, e la pazienza, di saperle ascoltare anche con spregiudicatezza e spirito critico per ricavarne una soluzione valida e alternativa.

Alla decisione di affrontare il problema abolendolo alla radice si è giunti perché il nostro paese non è maturo per un protezionismo serio e costruttivo; velleitario, ed estemporaneo, senza una storia alle spalle, il protezionismo nostrano ha campato di eredità sulle fiabe di Walt Disney.

La stessa legislazione protezionista che esprime le ambigue riserve mentali del legislatore che, vietando, in realtà concede ampi alibi ai trasgressori, ha favorito un clima di improvvisazioni che hanno impedito la formazione di un costume che sapesse guardare la natura con gli occhi diversi da quelli del colonizzatore.

La società contadina prima, e quella industriale poi, si sono tenacemente rifiutate di rivedere i nostri rapporti quotidiani con la Natura, e quindi anche l'animale, come oggetto o bene di consumo, è stato (ed è) l'innocente vittima della ferocia della convivenza sociale.

È un discorso che, ad altri livelli, trova purtroppo la sua motivazione nel rifiuto sistematico della nostra società a riconoscere un tipo di convivenza che non sia fondata sul delitto, sul profitto e sulla disuguaglianza.

In questo entroterra socio-culturale non può che prosperare l'interesse, oggi definito multinazionale, a distruggere, pur di sfruttare, in nome di una sopravvivenza che i nostri antenati, prima di inventare le tagliole, concepivano diversamene arrivando a rispettare le praterie ed il lupo, tutte le occasioni possibili.

Gli interessi venatori, che spudoratamente arrivano a sostenere il populismo del «tutti a caccia», le speculazioni delle industrie farmaceutiche, per le quali la vivisezione è un fatto commerciale da giustificare con la necessità di maciullare gli animali per salvare la pelle (ma la pelle della gente o quella dei profittatori, no?), sono sempre in agguato: difficilmente scattano le manette per gli inquinatori, e per i mandanti dell'inquinamento è accuratamente evitato il linciaggio.

In questo clima di corrotta indulgenza, in cui l'inchiesta sulle cause storiche del disastro ecologico è un gioco per passare il tempo, la volontà di capire l'albero e l'animale si rivela un inutile sforzo.

Ciò posto, è comunque certo che, se scompare l'ENPA, anche se possono sussistere validissime ragioni per ridimensionare questo Ente rissoso, si colpisce soprattutto il principio che ispirò Luzzati allorché, agli inizi del secolo, riuscì a riunificare in un solo organismo le decine di società zoofile sparse in tutta Italia: era un principio fatto di sani propositi che dovevano essere mantenuti.

È giusto allora abolire un Ente perché, forse, ha lavorato troppo poco?

O non è forse più giusto prenderlo a scappellotti e, dopo una sana strigliata, rimetterlo in grado di funzionare?

E, nel caso in cui proprio non si potesse fare a meno di decretarne la fine, che ne sarà del lavoro finora svolto da decine e decine di persone che al protezionismo hanno ingenuamente creduto?

E, a chi toccherà dopo difendere gli animali dalle sciocche malvagità dell'uomo, dal momento che lo stato abdica a questa funzione che non può essere solo privatistica?

Che ne sarà delle tanto discusse Guardie Zoofile, che qualcuno considera sgangherate anche nelle divise, ma che sono pur uomini che dal Friuli a Seveso hanno portato il contributo di una presenza discreta e tenace, volontari sconosciuti di tanti episodi di una abnegazione che oggi si rivela inutile?

Per alcuni amministratori dell'Ente, come per il Vice-Presidente nazionale Casadei, la proposta soppressione sarebbe addirittura viziata di illegittimità costituzionale, e vengono portati seri argomenti di natura giuridica che impedirebbero la soppressione dell'ENPA, o comunque il trasferimento delle funzioni alle Regioni.

Comunque vada a finire, un fatto è certo: gli uomini prima fanno un Ente per proteggere gli animali. Poi non riescono a proteggere né loro stessi né gli animali e risolvono il problema abolendolo.

L'ENPA poteva essere l'Arca di Noè di cui il diluvio ha avuto più clemenza dell'uomo.

In occasione del dibattito sull'abolizione dell'ENPA, prima del noto Decreto del '79

La proposta di abolizione del tiro al piccione è ora all'esame delle competenti autorità. Una petizione indirizzata al Presidente della Repubblica affinché nell'occasione del'800° anniversario della nascita di Francesco d'Assisi venga posta la parola fine a questa barbarica pratica, è già in corso.

La Regione Piemonte, con la sua Legge 17 ottobre 1979, n. 60, all'articolo 30 già prevede il divieto di «*catturare e usare volatili per esercitazioni, per gare e manifestazioni sportive di tiro al volo*».

Il divieto è preciso: da quasi tre anni ormai in Piemonte, grazie alla costante attività della locale sezione ENPA e del consigliere nazionale Piergiorgio Candela, non si fa più il tiro al piccione.

La Regione Lazio, con Legge regionale del 29 aprile 1980, n. 27, ha «vietato a chiunque (di) usare volatili nelle esercitazioni, nelle gare e nelle manifestazioni sportive di tiro al volo».

Il Sindaco di Arezzo, con Ordinanza del 5 agosto 1981, accogliendo una petizione delle Associazioni protezionistiche locali, ha vietato nella propria città il tiro al piccione.

Al Sindaco di Milano, di recente, è stata rivolta analoga richiesta, e si è in attesa dì una sua decisione.

La questione, sotto il profilo giuridico, sta in questi termini: l'articolo 70 del T.U. delle leggi di P.S. approvato con R.D. 18-6-1931, n. 773, vieta gli spettacoli e i trattenimenti pubblici che possano turbare l'ordine pubblico e che sono contrari alla morale ed al buon costume o che importino strazi o sevizie di animali.

Dalla pratica di questa attività risulta che il taglio delle penne timoniere effettuato sui volatili prima delle gare menoma il volo e lo altera; i volatili spesso finiscono per agonizzare fuori dai recinti il che induce a ritenere che tale spettacolo comporti quello strazio e sevizie di animali vietato dal già ricordato articolo 70 del T.U. di P.S.

Su questo punto l'ENPA non ha mai avuto dubbi: l'attività del tiro al piccione è sostanzialmente vietata e punibile.

Conosciamo le prese di posizione del Ministero dell'Agricoltura e Foreste, del Ministero del Turismo, del Ministero di Grazia e Giustizia, del CONI: dal canto nostro ci limitiamo a ricordare che è ora di fare chiarezza.

Se delle autorità locali sono giunte al punto di prendere una posizione coraggiosa a fronte di una situazione normativa ipocritamente applicata, riteniamo che la strada vada seguita, con pari coraggio, da tutte le altre Amministrazioni locali e non.

L'opinione pubblica (lo rivelano anche i sondaggi in proposito) reclama dai propri rappresentanti quella maturità che ormai da tempo è entrata a far parte del nostro tessuto sociale e che conduce - inesorabilmente - a porre fine ad un'attività incivile e inutile qual è quella del tiro al piccione.

Accorgersene, anche da parte degli Amministratori pubblici, deve essere ancora questione di molto tempo?

Molti rammentano che, a seguito di un rapporto delle (allora) Guardie Zoofile piemontesi del settembre 1974, un Presidente del campo di tiro a volo di Asti venne denunciato, e il Pretore, con Decreto Penale del 16-2-1976, lo condannò alla pena complessiva di lire 85.000 di ammenda per le contravvenzioni accertate (art. 727, artt. 9 e 36 R.D. 8-10-1931 n. 1604, artt. 70 e 71 T.U. Leggi di P.S.). In precedenza si era pronunciata la Cassazione affermando che «*sussiste il reato di maltrattamento ad animali nel caso di persone addette ad una società di tiro a volo al piccione che, al fine di rendere più difficile il bersaglio del tiratore, strappano ai piccioni le penne timoniere della coda»* (Cass. 27 ottobre 1951, Innocenti, Corti Brescia e Venezia 1952, 468).

Peraltro, l'articolo 33 R.D. 5 giugno 1939, n. 1016, in forza del quale l'uso dei colombi per tiro a volo era consentito purché documentata la liceità della cattura, non poteva essere applicato nel caso di colombi domestici impiegati dai proprietari che erano esclusi dal generale divieto di uccisione o di cattura di cui all'articolo 36, lett. 0, del R.D. n. 1016 del 1939 (sul punto, vedi Cass. Pen. sez. III 18 gennaio 1968, Rebecchi, in Giust. Pen. 1968, II, 1960).

Con l'entrata in vigore della Legge n. 968 del 27-12-1977 sono stati sanciti principi innovatori tra cui il concetto fondamentale che la fauna selvatica costituisce patrimonio indispensabile dello stato.

È opportuno a questo punto segnalare l'Ordinanza del 4-7-1980 del Pretore di Palermo che ha ritenuto non palesemente infondata l'eccezione di incostituzionalità dell'articolo 20, lett. 9, della Legge 27 dicembre 1977, n. 968, in relazione agli articoli 1 e 3 della Costituzione.

Le dissertazioni di cui sopra ci convincono della necessità, da parte delle competenti autorità, di una normativa chiara per tutti, ovviamente in direzione abolizionista del tiro al piccione.

da *Arca Nuova*, n. 1, 1982

Ancora animali in Chiesa

Mi chiedo spesso perché la Chiesa Cattolica continui a mantenere sugli altari Francesco D'Assisi.

Se non ne avverte il disagio vuol dire che nel grande cen-
tone dei suoi santi c'è proprio posto per tutti, anche per
il giullare di Dio con le sue follie ormai inoffensive che
parlano agli indifferenti dell'amore per gli animali e la
povertà.

Le terribili dimenticanze del Vangelo hanno fatto abortire
anche le rivoluzioni post-conciliari, che, invece di vietare
ai sacerdoti di prendere la licenza di caccia, si sono limita-
te a sancire l'obbligo di accorciare le gonne alle monache.
Ma perché gli italiani, culturalmente cattolici, non amano
gli animali? Bisogna essere leali nella riposta: non li ama-
no appunto perché (anche) cattolici. È la formazione cat-
tolica con il suo egocentrismo, con il suo tutto per l'uomo
e nell'uomo, sacro oggetto della creazione, che ha indu-
rito i cuori che chiedevano solo durezza, e li ha esonerati
dal senso della vita per creature contro cui tutto è lecito.
Perché sono oggetto, strumento, bersaglio, quando non
giustifica la fame giustifica il divertimento.

Per un italiano (cattolico) l'usignolo è un fischietto, il bue
un trattore con le corna, l'asino una carriola che raglia,
il gatto un topicida che fa le fusa, il cane un campanello
d'allarme che abbaia.

L'animale è un bersaglio, e per la Chiesa è stato fuori dal
raggio della pietà: Dio li ha fatti perché ci nutrissero, ci
servissero e ci divertissero (così hanno insegnato) e sicco-
me l'animale è sprovvisto del senso dell'umorismo, ci può
divertire solo se Io si ammazza.

Né c'è da stupirsi. Una Religione che ha fatto Dio al ser-
vizio dell'uomo, un Dio che fa il notaio alle nozze, che
registra i santi, assolve le colpe, toglie o lega secondo gli
ordini terrestri, non poteva che considerare una cosa que-
sto animale che non è raccomandato dai Vangeli, e che
nei Libri Santi è sempre la vittima dei sacrifici che non

piacevano ad Isaia, come non è detto non piacessero pure a Gesù.

Non bisogna stupirsi, ma neanche dimenticare. Infatti non si può dimenticare Innocenzo VIII, che nel 1482 scagliava l'anatema contro i gatti ed i suoi amici, istituendo quei folli processi di stregoneria gattesca mediante i quali sono stati bruciati e torturati tanti esseri (animali e umani) e che neanche oggi trovano una parola di pietà negli credi di Dio dell'amore.

Né si può dimenticare il parroco di Aiace don Camillo Guglielmini, condannato nel 1966 dal Tribunale di Aosta a quattro milioni e mezzo di ammenda per aver ammazzato dei camosci nel parco del Gran Paradiso.

D'altra parte, Pio IX non consentì la fondazione a Roma di una società per la protezione degli animali, affermando: «*che era un errore teologico supporre che l'uomo avesse dei doveri verso gli animali*», e, nell'Enciclopedia Cattolica si legge che non esiste la celebrata tenerezza di alcuni santi verso gli animali, poiché i santi si limitavano a considerare il creatore di tutte le cose create, e quindi anche l'animale.

E ancora, la stessa Enciclopedia Cattolica ha ammonito che è da considerarsi dannoso per la società e per il prossimo il lasciare del denaro per scopi zoofili.

Con questi autorevoli insegnamenti si comprende come il francescano padre Agostino Gemelli poté giustificare la bontà della vivisezione fino al punto di suggerire il taglio delle corde vocali ai cani, e a bollare con l'anatema di «seguaci dei fioretti fittizi» gli antivivisezionisti.

E pure si comprende perché Bernhard Haerig sulla Rivista Famiglia Cristiana del 26 maggio 1968 arrivò a sostenere che gli Enti zoofili posseggono un «animismo primitivo» riaffermando il rozzo concetto antropomorfico che l'uomo «*è la sola creatura che Dio abbia voluto per sé stesso*».

Ma come può, sul serio, la Bibbia codificare il padronato dell'uomo sul Creato dal momento che proprio nelle sue pagine (Genesi I, 28-30/9, 2-5) da una attenta lettura si ricava tutto il contrario?

Benedetta la vivisezione, come vengono benedetti (se ne rese promotore a Bologna anni fa Mons. Ricci) i campi di tiro al piccione. Come benedire un plotone di esecuzione. Ma l'attività venatoria ha trovato tra gli esaminatori anche diversi Papi che le hanno regalato in S. Uberto un protettore che, certamente, è quasi riuscito a fare le scarpe a S. Francesco.

Ed allora c'è posto per tutti tra questi credi del Dio perseguitato: anche per suor Candida, madre badessa di un convento di Bergamo che usciva dalla sua cella «*per dar mano con grande profitto al roccolo del Pascolo dei tedeschi come il prete matador e il prete cacciatore*». E per il prete di Asti condannato dal Pretore a quindicimila lire di ammenda per aver ammazzato un gatto che gli aveva sporcato la chiesa. ·

E per quel parroco di Milano che ne ha ammazzato un altro colpevole di aver rubato una bistecca del convitto perché affamato da alcuni giorni.

E per i responsabili di quell'istituto religioso di Cremona dove si è verificata una piccola strage di capretti. E per le suore dell'istituto religioso S. Giuseppe di Roma dove pare che se un cane cerca di avvicinarsi troppo alla cucina viene impiccato.

Né stupirsi: né dimenticare. Ma come giustificheranno costoro, non già al loro vescovo che come tutti noi è solo un cadavere futuro, ma al loro Dio l'indifferenza, l'abbandono e la persecuzione?

Risponderanno anche del delitto altrui se non gli avranno gridato il no della coscienza cattolica, giacché ne incarnano l'autorità.

Quello che palesemente non viene condannato, è tacitamente approvato.

La legge, questa paurosa tavola di bronzo che ci comanda e ci seppellisce quando si tratta delle tasse e delle pensioni, diventa subito una cosa ritrattabile quando si tratta - evidentemente per errore - di una difesa delle creature animali di cui la nostra coscienza barbara legittima la strage con il silenzio dell'Osservatore Romano.

E continua la notte di S. Bartolomeo.

da *Animali Natura Habitat*, n. 5, maggio 1982

Mi perdoni, signor Giudice!

Ormai è legge. Chi uccide gli animali la fa franca. Paga qualche decina di migliaia di lire ed evita il processo. E la condanna.

La legge glielo consente. Gli dà l'impunità. Il salvacondotto per il certificato penale pulito.

La pietà, il dolore: annullati da un semplice foglio di carta da bollo. Chiedo di pagare, signor Giudice, mi scusi la birbonata, non lo farò più. È vero, ho bruciato vivo quel disgraziato di un gatto ma che vuol fare!

Quanto costa? Quarantamila? Eccone cinquanta: il resto mancia.

Per il cancelliere. Non può prenderli? per l'usciere. Grazie ed arrivederci. Alla prossima volta, cambierò soggetto.

È una beffa. L'impegno della gente per bene, che ama gli animali sul serio e non si stanca di denunciare chi li maltratta, è stato umiliato. Scrivere a Pertini? Quella Legge gliela hanno fatta firmare il 24 novembre 1981.

Scrivere a Fanfani? ha già tante gatte da pelare. Riformare la Legge? Il progetto di riforma del 727 del Codice Penale dorme in Commissione Giustizia da tanti anni. Allora dare un sacco di botte a quei delinquenti che seviziano gli animali, scrivere i loro nomi sui muri di piazza del Duomo: le brigate verdi della zoofilia non risusciteranno le vittime dell'indifferenza e dell'imbecillità.

I ragazzi dell'ENPA, quelli che hanno entusiasmo e tanta sincerità, non possono capire l'ipocrisia, ed hanno ragione di sentirsi presi in giro.

Chi può spiegare loro le sottili perfidie del legislatore, le trappole legali che pur rispecchiano (avvilendolo) il garantismo per chi non garantisce ad esseri indifesi l'elementare diritto alla vita?

E nasce e di sviluppa una dolorosa protesta, il risentimento dei buoni.

Che nessuno ascolta.

Inguaribile, il contravventore del 727 continua a pagare i suoi diecimila.

E lo stato incassa.

da *Natura Nostra,* gennaio/aprile 1983

Tutela giuridica degli animali

Sul numero di gennaio di questa Rivista il Magistrato Maurizio Santoloci ha trattato diffusamente e compiutamente la tutela giuridica degli animali nell'attuale ordinamento italiano.

L'attenzione posta al problema - in particolare da parte di un operatore del diritto - è di per sé un fatto notevole se si pensa che spesso si è avuto modo di constatare una cena trascuratezza da parte degli stessi operatori alla problematica di una seria tutela giuridica degli animali,

Per venire al concreto, si è accertato che nella pratica gli autori dei più efferati delitti contro gli animali restano impuniti grazie alla stessa Legge.

Ed infatti, con la Legge del 24 novembre 1981, n. 689, chi viene imputato dell'art. 727 C.P. (cioè il classico maltrattamento di animali) può presentare domanda di oblazione evitando in tal modo il processo. Si arriva pertanto all'assurdo che l'autore del maltrattamento, pagando poco più di 50.000 lire, sfugge alla condanna, e il Pretore, anche se a malincuore, non può che dichiarare estinto il reato.

Pur comprendendo lo spirito della Legge 24 novembre 1981, n. 689, dobbiamo dire che, nei casi che ci interessano, il legislatore ha fatto un pessimo regalo agli amici degli animali, per i quali già l'art. 727 C.P., considerato un «reato nano», era uno striminzito baluardo per la difesa degli animali!

Ora invece anche questo timido baluardo è venuto meno, e ai maltrattatori è garantita una sostanziale impunità.

A questo inaudito stato di cose occorre porre riparo al più presto poiché non è possibile fare una supina acquiescenza; si può arrivare ad affermare che lo Stato Italiano, privatizzando l'ENPA, depenalizzando il maltrattamento degli animali, vietando i referendum anticaccia, negando una normativa rigorosa sulla vivisezione, sì è reso del tutto inadempiente in questo campo.

Il 30 gennaio 1983 i presidenti, commissari e delegati delle sezioni ENPA della Lombardia, delusi davanti a questo stato di cose, hanno deciso di iniziare una campagna di stampa per sensibilizzare l'opinione pubblica. Tra le varie iniziative si è discusso della possibilità di denunciare lo Stato Italiano al Parlamento Europeo perché consente l'abbandono di un serio protezionismo, nonché di proporre una Legge speciale per la tutela giuridica degli animali che deroghi all'ormai inutile normativa vigente. Altra alternativa è l'appoggio alla proposta di modifica dell'art. 727 C.P. pendente avanti la Commissione Giustizia del Senato.

In realtà una legge speciale sarebbe iniziativa più valida ed efficace.

Spesso si è visto lo Stato Italiano affrontare e risolvere problemi gravi con ricorso alla Legge speciale, al problema dei pentiti a quello della mafia. E non potrebbe avvenire lo stesso anche per gli animali, che non sono né penti né mafiosi, ma solo vittime innocenti.

da *Animali Natura Habitat*, n. 5, maggio 1983

Caccia amen

Non ci sono riusciti i Referendum. Non ci sono riusciti gli zoofili. Forse c'è riuscita la Cassazione.

Con la sua Sentenza del 28 ottobre 1982, n. 1313, ha sanzionato che commette furto chi cattura la selvaggina violando la Legge. Perché la selvaggina è patrimonio indisponibile dello Stato. Il principio, importantissimo, affermato dalla Suprema Corte, riassume tanti anni di fatiche.

Da *res nullius* a *res omnium*, finalmente anche gli animali hanno trovato una collocazione e una difesa. E sono subito incominciati i lamenti.

È facile, in un momento come questo, ironizzare sulla Magistratura: non è il luogo. Non ne è il caso.

Da uno a sei anni, questa la pena.

Eccessiva? Per chi ritiene che la caccia sia un delitto, non lo è.

E allora, facciamo un altro passo: la caccia come delitto. Se gli animali sono patrimonio indispensabile dello Stato, se appartengono a tutti, allora la caccia (per divertimento) è delitto.

Può il delitto essere regolamentato?

No. Il delitto si abolisce. Dunque, la caccia va abolita.

Lasciamoli piangere. Sta proliferando la figura del cacciatore pentito, che ha capito la gravità dell'inquinamento e cerca di ridarsi una credibilità combattendolo.

Sta spuntando la figura patetica del cacciatore romantico, cow boy della pianura padana, che rimpiange la brigata delle starne (quante ne abbatteva senza proibizioni) ed ora viene a mendicare uno spazio blaterando per una caccia proletaria e razionalizzata.

Stanno piangendo, i cacciatori, per questa Sentenza che conta più di una Legge, e poi faranno qualcosa.

Tavole triangolari in tutta la penisola sul tempo libero con mogli, figli e doppiette per i prati. Ma si estingueranno così come hanno estinto la Natura.

Perché sia fatta finalmente giustizia, caccia amen.

da *Animali Natura Habitat*, n. 6, giugno 1983.

Agnello a Pasqua

Qualche benpensante si illude ancora che la Chiesa abbia rivisto le proprie sanzioni sugli animali.

È bastato qualche accenno papale, un'udienza particolare, una parola diversa buttata ora in un convegno di medici ora di pellegrini affaticati. Io ho aspettato la parola alla Pasqua. Doveva venire se le intenzioni erano vere. Il sacrificio degli agnelli pasquali è di una stupidità bimillenaria. Ho aspettato la parola chiara, a Pasqua. Non l'ho sentita. Non l'ho trovata nell'uovo pasquale. *Urbi et Orbi* si poteva dire: risparmiate gli agnelli.

Allora vuol dire che non era vero niente, che non è cambiato niente. Vale la pena intitolarsi al santo d'Assisi? Continua il tradimento dei pastori.

Continua l'agonia del gregge. Le pecore sono sempre deboli. Neanche il lupo le sbrana perché non c'è più. Ci pensa l'uomo. Da solo.

Da Roma.

da *Animali Natura Habitat*, n. 6, giugno 1983

La paletta ecologica

Hanno distribuito la paletta ecologica. Sponsorizzata da una casa farmaceutica. L'ha mandata il Comune di Milano. E sono sorte le discussioni.

Serve, non serve, le macchine in sosta, gli sputi, pavimenti tappezzati di sporcizia; è più efficace la multa, dalli al cane no al proprietario; ma ci sono le siringhe e i bambini calpestano i preservativi raccolti per terra; no, bisogna fare cessi per cani, viva la paletta perché è utile, i piccioni... i piccioni.

Non ho visto nessuno che utilizzi la paletta. Penso agli anziani con l'artrosi. Ai non vedenti. Agli scioperi della nettezza urbana: dove te lo butti il sacchetto?

Mini cani che incuriositi si voltano a guardare il padroncino: che ci fai con paletta e secchiello? È un ordine del Comune.

Quanto è difficile la città. Ti nega tutto: ora ti regolamentano anche le feci.

Sono le leggi della città. Il cane non può capirlo. Potrai regolargli la cacca.

Ma la pipì no. E con quella si sfoga e te la fa dappertutto. Pare che per il 4 ottobre si stia preparando un convegno sul tema «per una libera pipì». Le forze reazionarie replicheranno con un seminario dal titolo «libertà della cacca». È prevista una riabilitazione cittadina di Cambronne.

da *Animali Natura Habitat*, n. 6, giugno 1983

Elezioni 1983

Caldo ed elezioni. Tutto all'improvviso. Il 6 giugno ad Alessandria alcuni volenterosi dell'ENPA hanno voluto riunire dei politici.

Ne erano preannunciati una decina.

Ne sono venuti tre. Uno se n'è andato prima delle 22 perché non si iniziava. Un altro è arrivato alle 22 e 30 quando si è iniziato.

Gli altri non si sono visti.

Si sono sentiti dire, quei pochi superstiti Onorevoli, quello che tutti gli zoofili vorrebbero dire. Perché ci avete tolto le Guardie Zoofile, perché non abolite la caccia, il tiro al piccione, la vivisezione, perché non aumentare le pene per i maltrattamenti, perché non impedite il rumore, gli inquinamenti?

Hanno detto sì e ni. Hanno promesso. Dovremo rifare tutto daccapo, dopo luglio. La fattoria di Orwell può aspettare.

da *Animali Natura Habitat*, n. 7, luglio 1983

Appunto sui "Verdi"

Verdi - Verdoni - Verdastri. È iniziata l'era della pubblicistica su chi fa l'ecologia. Dicono che i verdi sono come i pomodori: con il sole diventano rossi.
Al protezionista si addice l'azzurro: non si presta ad equivoci. È come il cielo ed il mare. È difficile per chi non ha avuto bandiera, darsene una.
Il protezionista di ieri, l'ecologo di oggi, è nato apolide e randagio, contestatore di ideologie e sistemi in nome del diritto alla vita di anime innocenti.
La natura è verde. L'innocenza è bianca. Il cielo azzurro. Il protezionista è l'arcobaleno.

da *Animali Natura Habitat*, n. 7, luglio 1983

Apocalisse

Prevista dai profeti di ieri, che sono gli ecologi di oggi, verrà l'Apocalisse. Perché la falsificazione ideologica rivela la vittoria della bugia.
Perché le Istituzioni hanno perso la rispettabilità. Perché la produttività si è rivelata alchimia. Sarà un risveglio tra i veleni e terra bruciata dì una società post-industriale.

L'avvento di un'epoca ecologicamente ammissibile e iper-industriale è l'anticamera del forno crematorio in cui brucerà l'equilibrio della vita. l ragazzi l'hanno capito e ne fanno l'indovino. Cercano gruppi capaci di analizzare la catastrofe con linguaggio semplice per gestire la crisi fino alla soluzione finale dell'ultimo giorno dell'uomo nell'agonia di nobili piante, nobili acque, nobili animali.

da *Animali Natura Habitat*, n. 7, luglio 1983

I bambini della quinta di Adro

Dicono che bisogna insegnare ai bambini ad amare gli animali.
Nel comune di Adro (BS) i bambini della quinta elementare, hanno trovato un cagnolino che girava attorno alla scuola. Gli han dato da mangiare. Hanno fatto dei manifesti per trovargli il padrone. Hanno deciso di adottarlo.
Gli hanno fatto la cuccia. L'hanno battezzato Billy. Ma il veterinario non era d'accordo e l'ha fatto portare via. Il veterinario ha le sue idee sui cani che portano leptospirosi, vermi, scabbia, pulci, aggressività, morsi.
Allora i bambini della quinta di Adro hanno scritto: noi chiediamo giustizia e maggior rispetto per i cani e i bambini.
Dicono che bisogna insegnare ai bambini ad amare gli animali.

da *Animali Natura Habitat*, n. 7, luglio 1983

Alan Roseveare

Alan Roseveare a quindici anni si uccise per protesta contro i delitti degli animali.

Aveva coscienza di tutto: della vita e della morte. Non ha impedito alle bianche ali dei gabbiani di essere bruciate dal petrolio.

Butto quel suicidio sulla viltà dei vivisettori che seviziano i gatti con la stessa tranquillità con cui accompagnano i figli a fare la prima comunione. Ritengo responsabili di quel suicidio i trafficanti di animali, gli amministratori delle nostre città morte, i galantuomini del divieto giuridicamente impeccabile.

Alan Roseveare ha fucilato tutti coloro che hanno negato ad un animale un atto d'amore. Con lui è morta la pietà dalla Bibbia al Vangelo.

Francesco non potrà mai risorgere: né ad Assisi né altrove.

da *Animali Natura Habitat,* n. 8/9, agosto/settembre 1983

Coniglietto bianco

Il coniglietto bianco è il ricordo della mia infanzia in campagna, solitario amico di grandi pensieri che mi camminavano avanti alti come querce.

Il coniglietto bianco è chiuso nella scatola di amianto, gli esce la testa, la pinza metallica gli apre gli occhi, il cerotto gli blocca le palpebre. Gli hanno instillato lo shampoo negli occhi. Gli hanno infilato il rossetto in gola. Gli hanno messo la cipria nello stomaco.

Gli hanno riempito di cipria l'esofago. Il coniglietto bianco rigurgita tintura per capelli. Gli occhi spruzzano bolle di sapone.

L'esperimento vile continuerà fino alla morte.

Al mio coniglietto bianco gli assassini uccidono anche le lacrime. Mia moglie non porta rossetto e non mette cipria.

da *Animali Natura Habitat*, n.8/9, agosto/settembre 1983

Il porcellino d'india

Il porcellino d'India viene immobilizzato al pavimento della gabbia con un anello. Lo rasano e gli mettono un cerotto.

Glielo levano e glielo rimettono.

Una due tre tante volte: la pelle si strappa. Gli applicano la sostanza irritante. Il porcellino d'India con la pelle strappata e irritata, resta immobile per un paio di giorni. Così provano le lozioni astringenti del dopobarba. Per capire basta provarci: mettetevi un cerotto sulla faccia e fatevelo strappare una decina di volte, poi mettetevi la lozione e tenetela un paio di giorni.

Che effetto vi fa? Ma è solo un porcellino d'India.

da *Animali Natura Habitat*, n. 8/9, agosto/settembre 1983

Il "Partito Verde"

È nato il "Partito Verde". Prima c'erano meno di dieci Associazioni Zoofile. Erano gli anni sessanta, quando andavamo a contestare i tiravolisti alla via Macconago di Milano: c'erano il Ragaini, il Figini e cinque bambini in pantaloni corti. Non c'erano il Pannella, il Pratesi, il Mainardi, il Nebbia. Non ci dava retta nessuno.

Poi dalle ceneri di quei quattro gatti, che erano gli Enti protezionistici, sono sorte come funghi decine di Leghe che hanno litigato, portato avanti, tirato di sopra e di sotto il discorso. Come faranno a riunirsi se finora hanno conosciuto solo la divisione?

Non possono convivere se li ha uniti il dissenso. Non potranno convincere perché non si sono capiti.

La zoofilia ha perso trent'anni perché i suoi figli migliori hanno riconosciuto le famiglie irregolari in cui sono vissuti. E fin quando non tornerà il buon senso del regolare, non ci sarà comunione. Il "Partito Verde" è un'evasione di massa dal vero impegno protezionista che tutto può esprimere e niente può dare, se non ha capito che la difesa della natura nasce dalla sofferenza. Zoofilia è eresia. Eresia è verità che non vedi.

Quindi protezionismo è coscienza di ribellione. Il tutto non si adatta a comportamenti conformi. Moda non è zoofilia.

Si dovrà ancora soffrire.

da *Animali Natura Habitat*, n. 8/9, agosto/settembre 1983

Il terzo Partito

Leggo sull'«Unità» dell'11 agosto che in un editoriale della Rivista «Diana» si scrive che «*nel nuovo Parlamento siedono più di 130 Deputati e Senatori sicuramente amici del mondo della caccia. Siamo il terzo partito in ordine di grandez-*

za, l'unica forza che può contribuire in maniera determinante e consentire un futuro alle nostre campagne, ai nostri boschi, ai nostri litorali, alle nostre residue paludi e a tutta quella fauna che in essi ancora vive».

Il cronista dell'«Unità» - giornale attento, ricercatore degli occulti centri di potere - non si è mostrato preoccupato della esistenza di questo terzo partito composto da 130 rappresentanti nel Parlamento sorretti dalla potenza di fuoco dei fucili e dei soldi.

Ed allora cominciamo a denunciarlo noi questo terzo partito, così numeroso; mi preoccupa, e dovrebbero preoccuparsene il neo Ministro all'Ecologia Biondi e tutte le Associazioni protezionistiche. La storia recente ci ha insegnato che quando qualche burattinaio comincia a vantarsi di poter muovere a piacimento parlamentari ed organi di stampa, incominciano i guai.

«Diana» si vanta di poter contare, come terzo partito, su una nutrita truppa di Parlamentari, che farà di tutto per impedire l'abolizione della caccia, dell'uccellagione.

Poiché non vogliamo occulti centri di potere ma Istituzioni trasparenti, invitiamo «Diana» a darci nomi e cognomi dei suoi 130 Parlamentari: se non lo farà, dovremo cominciare a pensare all'esistenza di una ennesima setta i cui affiliati - uniti da un'unica passione, cioè quella venatoria, possono escogitare cattivi pensieri. Si abbia il coraggio di chiamare cose e persone con nome e cognome.

Diteci chi sono questi 130 Parlamentari senza trincerarvi dietro il segreto dell'iniziazione venatoria.

E voi, Enti protezionisti, vigilate: il terzo partito che può veramente dare un futuro ai boschi ed alle campagne non deve essere dei cacciatori.

da *Animali Natura Habitat*, n. 10, ottobre 1983

Il dottor Petterson ha voluto dimostrare che il rumore fa aumentare la pressione. Ha preso due scimmie e per nove mesi le ha bombardate con grida, ronzii, trilli. Ha accertato, alla fine, che la pressione delle scimmie era aumentata del 27 per cento rispetto a quella misurata prima dell'esperimento.

Il dottor Petterson dell'Università di Miami è un cretino: il rumore uccide e danneggia, come ho detto nel mio libro, scritto con la collaborazione dell'Avv. Gianfranco Busetto e pubblicato nel 1982 presso l'Ed. Maros di Milano, "Inquinamento da rumore", e non aveva alcun bisogno di seviziare le due povere scimmie.

Aveva sotto gli occhi un vasto e scientifico campo di osservazione. Poteva dare un'occhiata ai timpani dei giovani che frequentano le discoteche, alle orecchie delle telegrafiste assordate per otto ore dall'incessante trillo del telefono, alle isterie della casalinga che va in tilt quando mette in funzione tutti gli elettrodomestici, ai nervi degli automobilisti quando marciano incolonnati.

Ritengo cretino l'esperimento, perché lo stesso risultato poteva essere ottenuto per altra via con effetti più sicuri e senza ricorso alla violenza sulle due scimmiette abituate alla sonorità della foresta e non del traffico.

Se il dottor Petterson avesse provato la propria pressione dopo essere stato sottoposto per nove mesi al ronzio del condizionatore e del rasoio, all'urlo del triale della televisione, avrebbe reso un grande servizio all'umanità, che si sarebbe sbarazzata di un ricercatore della pressione alta, e dal gusto sadico della ricerca. Ed avremmo salvato due

innocenti scimmiette. Il sordo, (al buon senso), è sempre
l'uomo.

da *Animali Natura Habitat,* n 10, ottobre 1983

Ministro dell'Ecologia

È nato il Ministero dell'Ecologia.
Credo abbia sede in via del Tritone 146, Roma. Cosa possa
fare non lo so. Alfredo Biondi è certamente bravo (perché
è Avvocato) e farà bene.
Credo abbia bisogno di consigli e di uomini.
Diamogli gli uni e gli altri. I consigli (oltre a quelli del
Pratesi)? Abolire la vivisezione, la caccia, l'uccellagione,
gli zoo, riformare il 727 del Codice Penale, rifare le Guar-
die Zoofile, imporre ai Comuni di costruire canili e gattili,
fare una Legge sull'inquinamento acustico, rivedere un
po' la storia dei circhi, scoraggiare l'impiego degli animali
a fini di puro divertimento. Basta? C'è dell'altro, ovvia-
mente.
Gli uomini? Biondi sa dove cercarseli per il suo Gabinetto
e le Commissioni. Se il pluralismo ideologico da cui nasce
politicamente, gli farà evitare le ipoteche antropomorfi-
che e classiste, troverà negli Enti Protezionisti chi ama sul
serio gli animali e l'ambiente.
E, buon lavoro.

da *Animali Natura Habitat,* n. 10, ottobre 1983

A Camogli

Anche quest'anno il 1° agosto a S. Rocco di Camogli hanno premiato i cani fedeli.

Quattordici segnalazioni, quattordici storie incredibili di cani affezionati all'uomo.

Diana, che monta la guardia al cadavere del padrone colpito dal suo fucile da caccia; Dick, smarritosi in un viaggio da Palermo a Bari, che si è fatto centocinquanta chilometri per tornare a casa.

Matteo, salvato cucciolo dai bambini che si sono tassati per dargli pasti regolari: Lea, che monta la guardia alla sua padroncina handicappata; Black, salvato dall'accalappiacani.

Episodi di un mondo antico, che passano tra l'indifferenza di questa calda Estate, e scivolano via come la mia penna umida dall'afa.

Dietro questi animali c'è la storia dei tanti che in ogni parte del mondo, ogni giorno, vivono la loro cronaca di inutile sofferenza, attaccati ad un mondo che non risparmia dolori. Propongo che, *a latere*, ogni anno venga dato un premio anche a chi maltratta gli animali. Il premio dovrebbe consistere nella pubblicazione sui quotidiani, e per una settimana, dei nomi cognomi e indirizzo di egregi gentiluomini con la dicitura «si è distinto nell'anno...per aver impiccato un cane».

Enti protezionisti, perché non ci pensate? Il premio "ammazzacane".

da *Animali Natura Habitat*, n. 10, ottobre 1983

Incendio d'agosto

Ho visto un incendio quest'anno: piccolissimo, in mezz'ora l'abbiamo spento, ma ha distrutto alberi, animali, fiori. L'incendio è stato protagonista dell'estate '83. Il 6 agosto il Tribunale di Lanusei ha condannato per direttissima quattro operai di Seni (Nuoro), il 12 agosto il Tribunale di Nuoro ha dato cinque anni di reclusione ad un pastore che, volendo «far campo alle vacche», ha appiccato il fuoco in due punti, carbonizzando quattromila ettari di terreno, un gregge, e innumerevoli animali selvatici.
Io vorrei essere nella testa di questi piromani, a cui applicherei la Legge biblica, lasciandoli carbonizzare con i loro fiammiferi.
E brucerei le inerzie, le passività, le incompetenze: fino alla prossima estate non sentirete più parlare degli incendi.
Le recriminazioni ricominceranno la prossima estate. Con un anno passato in una inutile preparazione.

da *Animali Natura Habitat,* n. 10, ottobre 1983

Cronache animali

A Milano alcuni giovani si divertono a squartare gatti.
A Torino un tizio ha ammazzato il cane del vicino perché gli era entrato in giardino.
A Buscate un vigile trascina un cane randagio legato al paraurti della macchina del Comune.
In Val Gardena bracconieri assassinano una famiglia di aquile.

A San Remo due delfini vengono uccisi a colpi d'arma da fuoco e da un sacchetto di plastica.

A Torre del Lago Puccini, cacciatori hanno sterminato folaghe, moriglioni, gallinelle, germani reali che dopo una burrasca si stavano dissetando nel lago.

A Rieti hanno cercato di catturare i piccioni torraioli che avevano fatto il nido sul campanile. Questi sono morti: il prete ha trovato gli autori del gesto stecchiti sotto la scaletta da cui erano caduti. La giustizia, quando arriva, sa essere atroce.

da *Animali Natura Habitat*, n. 11, novembre 1983

Pertini, Presidente della Protezione Animali

Sandro Pettini è simpatico. Al giornalista del Corriere della Sera che gli chiedeva «*tutti dicono in giro che Lei* - l'uomo più amato dalla gente - *sarà rieletto Presidente*» ha risposto «*Sì, della Lega Protezione Animali*».

Caro Presidente, se Lei sarà rieletto Presidente non degli italiani, ma degli animali, credo che ne avranno un grande vantaggio gli animali e non gli italiani (che l'avranno ripudiato). E se farà con loro (animali) il Presidente come lo ha fatto in questi anni con gli italiani, non solo avrà maggiori soddisfazioni, ma saprà dare un grande aiuto a questi grandi derelitti. A queste povere bestie.

In cuor mio io spero proprio che Sandro Pertini diventi veramente il Presidente della suddetta Lega degli animali (non esiste e bisognerebbe fondarla). Sono certo che l'avrà detto senza alcun senso riduttivo. Pensi, caro Presidente, non dover andare più a ipocriti funerali, non avere più a che fare con i maneggioni delle sorti del paese, poter finalmente disprezzare le accademie della disonestà. Venga con noi, Presidente, venga a dare una mano ai nostri animali. Potrà stare finalmente con i bambini e con i veri giovani, quelli che con sincerità si dedicano alla pulizia della Natura. Venga finalmente con noi, Presidente: abbandoni le porcherie del potere! Troverà l'innocenza delle anime mute sacrificate in nome dell'igiene e dei costumi. Facciamo vedere a questi rozzi politici come si può veramente costruire la «fattoria» degli animali. Io l'ho presa sul serio. E se un giorno avrò l'opportunità di venire a trovarla a Roma, (ma sarà difficile perché il suo invito non mi perverrà certamente), Le ricorderò quello che mi raccontava un suo compagno di partito, a proposito di un suo cane che Le era stato fedele e che Lei aveva amato, e mi diceva: «*Sandro vuol bene sul serio agli animali*». Gli ho creduto, ed ora che Lei ha espresso il desiderio di esserne il Presidente, per me il Suo sogno si può realizzare.

Lo facciamo allora, tra un anno e mezzo circa? Io la cosa l'ho presa proprio sul serio.

da *Animali Natura Habitat*, n. 11, novembre 1983

Animali vietati all'Est e all'Ovest

In Bulgaria cani e gatti sono improduttivi e parassitari. Trecentomila amici dell'uomo e nemici di classe, sono stati fatti fuori, tra cui un cane guida per ciechi.

A una bambina di cinque anni hanno ucciso il gattino: quale contributo alla lotta di classe ha arrecato lo shock della bimba non lo saprà neanche Stalin. Hanno dato anche una lauta taglia pari a tre giornate di lavoro, per ogni animale abbattuto: gli portavi le orecchie e ti davano 12 leva. Poi lo sterminio è diventato una mannaia fiscale: 100 leva all'anno, l'equivalente di uno stipendio, per avere un animale. E divieto di circolare per le strade. Prima della Bulgaria, l'esempio era stato dato dall'URSS. Neanche nei paesi dell'Est c'è pace per gli animali. Ovest ed Est, così divisi su tutto, sulla messa al bando degli animali sono perfettamente allineati.

L'imbecillità è tutta di questa terra, non ha confini.

da *Animali Natura Habitat*, n. 11, novembre 1983

Animali da imbarco

Il Ministro della Sanità ha fatto un provvedimento straordinario, sospendendo le autorizzazioni sanitarie per l'importazione via mare dei cavalli provenienti dai paesi dell'America Latina. La LAN, Lega Anti-vivisezionistica Nazionale, che ha ottenuto il provvedimento, si era data molto da fare. Aveva documentato la morte per sete dei cavalli trasportati in treno, la morte di 68 cavalli imbarcati in Uruguay per stress da viaggio, la morte di purosangue avvelenati dai gas di scarico delle vetture sul traghetto. Occorrerebbe arrivare al divieto di importazione di animali vivi per la macellazione in Italia.

E questo dovrebbe valere anche per gli altri animali. Ricordo le settemila capre e pecore soffocate sul mercantile El Gingo, battente bandiera panamense, imbarcate nel porto di Varna, le tremila pecore asfissiate sulla nave El Podrero in rotta da Trieste al Golfo Persico, le quattrocento pecore morte di fame e di sete sul treno dall'Ungheria a Trieste; i duecento cavalli e i vitelli lasciati marcire senza cibo ed acqua a Firenze per uno sciopero.

E non voglio ricordare altro.

da *Animali Natura Habitat,* n 11, novembre 1983

Abolire lo zoo

Allora lo Zoo? Nel 1979 (non era la prima volta e neppure l'ultima) ne chiesi la chiusura al Sindaco di Milano che, a quattro anni di distanza, ne propone la riapertura al Parco delle Groane con spazi e strutture diverse. Sarà, ma, per me, aveva ragione Vera Heigi, ex guardiana dello zoo di Mosca, quando diceva che «*tutto ciò che vi è di più perverso e sadico negli abitanti di una grande città sembra darsi appuntamento allo zoo*», dove ti compri con il biglietto l'immunità del confronto senza rischio scrutando l'intimità dell'animale e violentandone il pasto. Se l'animale dorme deve svegliarsi perché lo dcvi fotografare. Se l'animale è sazio deve ingollare lo stesso le tue stupide noccioline. Se l'animale non ne ha voglia, deve scimmiottare lo stesso la gratitudine per la tua attenzione, Privo della sua libertà, l'animale scivola nella malinconia. Gli scimpanzé si piantano pagliuzze negli occhi, gli orsi si mutilano le unghie, gli elefanti si masturbano con la proboscide. Anche la maternità è violata: presa dalla disperazione, la leonessa divora i propri cuccioli. La mancanza di foreste, fiumi, di spazi liberi, di clima imprimono una radicale trasformazione in essi. Lo zoo resta un orfanotrofio anche se lo sposti al Parco delle Groane.

da *Animali Natura Habitat,* n.11, novembre 1983

Eravamo in pochi. Ernesto Eula, Presidente di Cassazione, Guglielmo Bonuzzi, Giornalista appassionato, Gennaro Ciaburri, Medico antivivisezionista, Mario Dosi, Senatore e zoofilo, Ermanno Rellini Rossi, Avvocato e consigliere nazionale dell'ENPA, Angelo Bordoni, apostolo del protezionismo, ed io. Venticinque anni fa, da tribune diverse, dicevamo che gli animali hanno un'anima e diritti, che sono esseri viventi e non cose, e che quindi la Legge non poteva considerarli oggetti, e che in essa vi era grande ipocrisia.

Bonuzzi, Ciaburri, Dosi, Bordoni, sono morti.

Se fossero stati al Convegno tenutosi all' Aquila il 30 settembre, avrebbero visto riconosciuta la bontà del loro messaggio. Avevano ragione. Avevamo ragione. L'hanno detto all'Aquila Magistrati e Giuristi, raccontando le torture, le vigliaccherie, le ingiustizie che vengono commesse sugli animali

Avete avuto ragione antesignani della prima Ecologia, autentici apostoli disinteressati della Zoofilia. E ho avuto ragione io a credervi, quando in pantaloni corti vi ascoltavo e reinterpretavo il vostro messaggio.

Ora le Organizzazioni per gli animali sono settecento. Sedici milioni di persone si occupano degli animali.

La generazione dei Menassé, dei Caruso, dei Parrelli, dei Macoschi, dei Candela, dei Ferrero Caro, dei Pratesi, dei Gavazzi, dei Nebbia (e chi dimentico mi scuserà) ha raccolto, (sia pure tra contraddizioni) il primo messaggio che galoppa sulla groppa dei cavalli dell'Apocalisse.

Staremo a vedere se me lo riformeranno questo benedetto 727 del Codice Penale.

Avevamo tutti visto giusto.

Ora che lo vedono anche loro, e cioè quelli che contano, quelli che possono, quelli che decidono, non possiamo fare altro che attendere le soluzioni.

Mi piacerebbe vedere il finale. Perché ne ho visto l'inizio.

da *Animali Natura Habitat*, n. 12, dicembre 1983

In Pretura a Luino

Avevo ragione io. Ecco perché.

Pretura di Luino, 12 luglio 1982, ore 9.45.

Mi presento con il collega; Avv. Salvatore Fazio, per costituirmi Parte Civile per conto della sede centrale dell'ENPA nel processo contro tale V.P. accusato ex art. 638 C.P. per aver ucciso un cane a bastonate (il fatto aveva avuto gran risalto sui giornali).

Il collega Fazio si costituisce Parte Civile per i proprietari del cane.

Nel fare la mia costituzione, chiedo preliminarmente che il Pretore contesti all'imputato anche il reato di maltrattamento animali, ex art. 727 C.P., Il Pretore così decide: «*Sulla richiesta dell'estensione della imputazione, sentita la Parte Civile che chiede estendersi all'imputato anche il reato 727 C.P. ,sentito P.M. e difesa imputato che si oppongono, ritenuto che nella specie non sussistono gli estremi di cui all'art. 727 C.P., ma tenuto conto delle modalità del fatto e della compiuta istruttoria, sussistono solo gli estremi di cui al contestato reato art. 638 C.P., atteso che tale ultima norma è indirizzata alla tutela del diritto patrimoniale sugli animali, e presuppone quindi che l'animale ucciso sia al momento del fatto di proprietà diqualcuno come è nella specie, tant'è che l'azione penale ha po-*

tuto essere iniziata, essendoci querela di parte, che per converso l'art. 727 C.P., prescinde dall'appartenenza dell'animale, essendo unicamente ispirato e diretto alle esigenze di protezione del sentimento di pietà verso gli animai, P.Q.M.
ritenuto altresì che sotto tale profilo non sussistono gli elementi obbiettivi e soggettivi per la costituzione p.c. dell'ENPA, come sopra, su conforme richiesta del P.M., e sentito il difensore delle parti, respinge la costituzione di Parte Civile dell'ENPA, nonché di estendere l'imputazione nei confronti del prevenuto anche ai sensi dell'art. 727 C.P. Dispone quindi procedersi al dibattimento».

Sul n. 10 di questo giornale leggo, con soddisfazione, che il Pretore Santoloci, giudicando un pastore che ha infierito su alcune pecore sfondando il cranio a diversi agnelli, ha contestato il reato di cui all'art. 638 C.P. ed anche quello di cui all'art. 727 C.P., che è appunto quello che io - nel mio caso - avevo chiesto al Pretore di Luino.

Allora avevo ragione, i due reati possono sussistere e l'uno non esclude l'altro. Non ne voglio, ovviamente al Pretore di Luino che ha applicato la Legge come ha ritenuto opportuno.

Ne sono grato, invece, al Pretore di Sorgono, Maurizio Santoloci, per la sua innovazione che io, da avvocato al di qua della barriera e quale difensore degli animali, mi ero permesso di anticipare.

Spero che ora, sulla scia di Santoloci, altri magistrati si muovano. Magari dandomi un po' più di retta.

In nome del Diritto in evoluzione a difesa degli animali.

da *Animali Natura Habitat*, n, 12, dicembre 1983

Invito ai Sindaci

Abbandonare gli animali, non è reato. Purtroppo è vero.
Dice il magistrato Santoloci: «*la soluzione giuridica del problema ... potrebbe essere individuata...in un provvedimento specifico da parte delle Amministrazioni comunali*». Ed ha ragione. Infatti, il 20 ottobre 1982 ho proposto al Sindaco di Milano di introdurre nel Regolamento di Polizia Municipale il seguente articolo: «*È fatto divieto di abbandonare animali, gatti ed altri animali domestici o manufatti in luoghi pubblici, aperti al pubblico o privati. I contravventori saranno puniti con una ammenda da L. 40.000 a L. 1.000.000*».
Se il Sindaco di Milano - come i Sindaci di altre città - adottasse un simile divieto, abbandonare animali sarebbe mero illecito amministrativo.
Con una multa abbastanza salata. La parola ora ai Sindaci.

da *Animali Natura Habitat*, n.12, dicembre 1983

La Bardot

Brigitte Bardot è finita in Tribunale per un gatto. Bella ed aggressiva, si è buscata una denuncia da una tizia che l'ha accusata di aver ammazzato un gatto. Avvenente e avventata, è entrata in Tribunale protetta dai gendarmi. Brigitte Bardot è stata la madrina degli orsi dei Pirenei e dei cuccioli di foca. Con un blitz ha salvato centottanta cani randagi. Questa donna ricca e sempre giovane, è l'esempio della bellezza senza peccato che vive il suo amore in natura. E ci ricorda che esistono ancora cinquecento esemplari di tigri del Bengala, poche centinaia di orango del Borneo,

che l'aquila delle Filippine è estinta come l'ibis, il trampo-
liere delle grandi paludi, e la vigogna delle Ande, nonché
il leopardo delle nevi, l'orice bianco e la lince.
Stupendo esemplare di donna, BB si estingue come le raz-
ze animali che protegge.

da *Animali Natura Habitat*, n. 1, gennaio 1984

Cane

Amico cane. Scorticato vivo per essere usato nelle fabbri-
che clandestine di berretti e colbacchi dell'URSS.
Amico cane. Impedita la tua circolazione per le strade
dei paesi dell'Est. Mi domando in questo 4 ottobre mille
novecento ottantatré, se ha ancora un senso ricordare la
tua proverbiale fedeltà. Mi domando in questa inutile ce-
lebrazione francescana se merita più riconoscenza la tua
mansuetudine o l'imbecillità degli uomini. Avevo ottenu-
to che questo 4 ottobre non funzionasse più la camera a
gas per i randagi che nessuno vuole. E qualcuno in questo
giorno non gasa più.
Le moderne ed inefficienti USSLL hanno negoziato l'acca-
lappiamento. La cattura legittima la tortura.
Amico cane. Mi domando quando sorgerà forte e alta la
tua rivolta. Quando farai la tua rivoluzione di ottobre.
Amico cane. Aspetto la tua ribellione: un quattro ottobre.
Aspetto che tu cancelli questa data ipocrita. Aspetto la tua
rivolta contro la tua fedeltà, che non ti ha salvato dai ca-
nili con filo spinato, dal commercio clandestino al vivi-
settore, dalle trappole avvelenate e dall'affetto soffocante
dell'uomo.

Amico cane. Aspetto con impazienza il giorno in cui ucciderai in te la schiavitù per l'uomo. Quel giorno sarà un quattro ottobre. E ti darò la zampa. E riprenderò a stimarti.

da *Animali Natura Habitat*, n. 1, gennaio 1984

MAPAN

La Segreteria del MAPAN (Movimento Anticaccia Protezione Animali e Natura) ha lanciato agli zoofili e ai lettori un appello per questa Rivista. Uniamoci su queste pagine e stiamo insieme. Ha ragione, e aderisco. Unire, continuare a diffondere, incrementare, insistere, penetrare, impegnare. Deve essere una parola d'ordine per un comportamento morale comune. Queste pagine belle ricche ospitali sicure sono punto d'incontro di uomini diversi, ma insieme tormentati da questo indistruttibile dolore degli animali, a cui l'uomo ha destinato una sorte cattiva. Insieme a tutti stiamo operando uno sforzo per scuotere dai calzari un po' di polvere d'indifferenza.
Altri verranno e proseguiranno. Ora che ci siamo, restiamoci, per fare insieme ancora un po' di strada in comune.

da *Animali Natura Habitat*, n. 1, gennaio 1984

ENPA

Parliamo un momento dell'ENPA. Vediamo se viene fuori qualche garbata polemica. All'ENPA io ci ho sempre creduto. Ci ho creduto quando era Ente Pubblico e l'Ispettore - quello formale - me l'hanno fatto fare sul serio. Volevo occuparmi dei violentatori dell'innocenza a quattro zampe. Invece dovevo occuparmi dei bilanci. Volevo tuonare contro i vivisettori: invece dovevo stare alle prese con i Revisori dei Conti Prefettizi. Insomma, tutto tranne che zoofilia. Ci credo ancora adesso che è privato. Ma mai come chi occupa incarichi di responsabilità, si vede assediato dalle limitazioni esteriori. Ti intoppi con tutto: i quattrini che mancano, la gente che non ti ascolta, il tempo che ti è avaro, l'egoismo che ti soffoca. Questo vegeta all'ENPA, dove prospera ancora una vecchia mentalità che gongola sugli attestati di benemerenza.

Ricordo che anni fa mi si presentavano (utilissime) Guardie Zoofile che al vedermi scattavano sull'attenti: ragazzi in piedi, salutate, passa l'Ispettore. E io mi sentivo a disagio. E quando proposi di disarmare (ma non sempre) le Guardie Zoofile, successe l'ira di Dio.

Con ciò non voglio dire che avevo un cattivo ricordo delle suddette Guardie. Anzi, me le ricordo in Friuli. Ci andammo in diversi. Salvavano e vaccinavano animali senza risparmiarsi. Si alternavano a settimane. Lasciavano famiglia e lavoro senza aver nulla in cambio. Mi parve giusto, quando finì l'Operazione Friuli, farli ricevere dal Prefetto a Milano, che li ringraziò, e, al momento del commiato, mi disse: «però, *che facce pulite! Ne esistono ancora*».

Questo è l'ENPA. Come un vestito di tanti anni fa. Se resta nuovo dipende dal tuo uso.

da *Animali Natura Habitat,* n. 1, gennaio 1984

I giornali deludono sempre più. Un giorno pubblicherò un libro con tutte le lettere che, come Ispettore Regionale dell'ENPA, ho dovuto inviare, e che non sono state pubblicate. Non si riesce a capirne la logica. Si va per amicizie o per importanza di lettere? gioca la tempestività? Lo spazio? Per me rimarrà sempre un mistero. Hai l'impressione che inizialmente i giornali siano disposti a prendere un esame tutto ciò che riguardi la protezione degli animali; subito dopo, però, trovi indifferenza e gelo.

Azzardo che si tratti di antipatie e simpatie. Non trovo altro motivo, però una cosa è certa: non bisogna farsi illusioni. Se ti pubblicano un articolo, è perché non possono proprio farne a meno! Bisogna adattarsi a questo andazzo e non demordere.

da *Animali Natura Habitat*, n, 1, gennaio 1984

Fate un francobollo

Propongo di fare un francobollo per la campagna contro l'abbandono degli animali. L'hanno già fatto in Francia. Il nostro Ministero delle Poste potrebbe attuarlo. Sarebbe un passo significativo per fare una vera campagna di educazione. Se iniziata oggi, per quest'estate potrà dare i suoi frutti.

E sarà la riprova della serietà degli intenti protezionistici. Non la si potrebbe fare anche sulle scatole dei fiammiferi? "Non abbandonate gli animali". Certo sui francobolli sarebbe più efficace. Staremo a vedere. A me sembra una cosa giusta, e a voi?

da *Animali Natura Habitat*, n. I, gennaio 1984

Pertini, aiuto!

Pertini legge. E scrive. E risponde. Pertini segue. Pertini provvede. O lo fa fare.

Allora non gli è stato recapitato il n. 11 della Rivista, e quindi non l'ha letto, perché io gli ho scritto e mi avrebbe risposto, se non a me, a tutti. Allora gli riscrivo. Pertini, per favore, pensaci tu.

Ho chiesto ai Sindaci di vietare l'abbandono degli animali, e non l'hanno fatto. Ho chiesto ai Parlamentari di fare una Legge speciale per la protezione degli animali. E non l'hanno fatta. Presidente, la protezione degli animali è in assoluta emergenza! Nessuno ci da retta. Si fanno un sacco di chiacchiere, ma non si conclude nulla.

Presidente, per favore, un gesto, un intervento, una parola, uno schiaffo alle inerzie. Lei sa darle e bene. Una vera e decisa parola protezionista. Alla gente. Al Parlamento. Mi basta questo: «*Mi dicono che ii nostro paese è il Libano degli animali. Bisogna farla finita. Giustizia esemplare per chi tortura gli animali*». Un richiamo alla Magistratura (perché sia più attenta), dal Primo Magistrato d'Italia. Una reprimenda agli Amministratori Pubblici, dal Primo Amministratore d'Italia. Noi non abbiamo più voce. Pertini, ci pensi un po' tu adesso?

da *Animali Natura Habitat*, n. 2, febbraio 1984

È finito ii 1983. Mi sono costituito Parte Civile per l'ENPA contro un tizio che aveva bruciato un gatto: ha fatto l'oblazione.

Ho strombazzato a radio e giornali la necessità di rifare il 727 del Codice Penale: non è successo niente.

Ho fatto tante riunioni regionali con le sezioni ENPA-Lombardia: è cambiato poco. Ho chiesto aiuto a Enzo Tortora: me l'hanno schiaffato in galera. Ho chiesto una Legge contro il rumore: hanno fatto nuove elezioni. Ho cercato di riaprire sezioni ENPA in Lombardia: sono ancora chiuse. Ho chiesto ai Sindaci di imporre il divieto di abbandonare gli animali: non l'hanno fatto. Ho proposto all'Avvocatura Distrettuale di costituirsi Parte Civile nei processi di bracconaggio: mi hanno promesso che lo faranno.

Mi sono scontrato con Amministratori privati e pubblici ottusi: sono rimasti al loro posto. Mi sono costituito Parte Civile contro un tale che aveva accoppato un cane a bastonate: non è stata ammessa. Ne ho dette di tutti i colori a Onorevoli che volevano strappare i nostri voti: hanno promesso e dopo elezioni non hanno fatto nulla. Ho presieduto un'assemblea di tutta l'ENPA a Torino con gente difficile e appassionata: non è successo molto. Ho suggerito esposti, proposto leggi e regolamenti, ispirato ricorsi, commentato sentenze, distribuito documenti, elaborato proposte, promosso incontri: e non è su cesso proprio niente.

Ho partecipato a convegni, insultato assassini, vilipeso religiosi: e tutti sono stati zitti. Ho additato con nomi e cognomi i responsabili del fallimento protezionista: tutto calmo e tranquillo. Meno male che è finito il 1983.

da *Animali Natura Habitat*, n. 2, febbraio 1984

Abolire l'ENPA

Propongo che venga abolito l'Ente Nazionale Protezione Animali.
Propongo che vengano aboliti tutti gli Enti Zoofili. Aboliti tutti perché nel nostro Paese non si riesce a proteggere per niente gli animali. L'esperienza di ogni giorno m'insegna che non si riesce concretamente a salvare gli animali.
Se li uccidono e denunci, la Legge ipocrita assolve o elude. Ti devi scontrare ogni giorno con gente che non applica Leggi o, quando vorrebbe farlo, non trova Leggi da applicare. Hai a che fare ogni giorno con strutture protettive inesistenti e difficoltà insuperabili. Se trovi un animale, ti devi arrangiare perché non sai dove piazzarlo. Se perdi un animale, non sai cosa fare, perché tanto non lo ritrovi. Se chiami le Autorità per intervenire, le trovi occupate altrove. Se chiami i privati per aiuto, li trovi, ma con possibilità di intervento limitato. lo Stato Italiano non tutela nelle sue Leggi gli animali, e neanche li protegge. A che scopo, allora, rivolgersi all'Ente per la Protezione degli Animali quando la Legge ti è contro, e le Autorità assenti? Propongo che gli Enti Protezionisti per protesta si sciolgano e proclamino il quattro ottobre giornata di lutto nazionale per la zoofilia. Solo un gesto clamoroso potrà rivelare lo scandalo di cui è vittima il nostro Paese in cui non esiste protezione alcuna per gli animali. Niente e nes-

suno glielo dà. E, amici zoofili, perdonatemi il paradosso abolizionista.

da *Animali Natura Habitat*, n. 3, marzo 1984

Cavia

È bastato lanciare il grido «salviamo le cavie» che è subito iniziato il terrorismo accademico. Se non avremo le cavie, la medicina perirà. Il verdetto degli scienziati. Non fatelo. Pena la vostra salute. La stoccata micidiale. Se dici: abolite la caccia, ti dicono che finiranno le industrie per le armi e migliaia di lavoratori saranno cacciati in Cassa Integrazione. Se dici: abolite la vivisezione, ti dicono che la Scienza chiuderà i battenti, le industrie farmaceutiche finiranno in amministrazione controllata. Se dici: abolite la uccellagione ti minacciano, per le industrie del "roccolo", l'applicazione della Legge Prodi. Terrorismo: economico, accademico, sociale.

Chiedo che la Legge sui pentiti venga applicata ai vivisettori, cacciatori, maltrattatori. Chissà che in questo modo non si riescano a debellare le torture legalizzate. Ci ha provato Pontillo, che non conosco, a proporre di salvare le cavie. Insistiamo. Salviamo i topolini bianchi. Un pentito vivisettore, per un topolino bianco. Se esiste si faccia avanti. Gli sarà data protezione.

da *Animali Natura Habitat*, n. 3, marzo 1984

I bambini della Cadorna

I bambini della quarta C delle Scuole Elementari Cadorna di Milano amano gli animali. La loro maestra Piera Morelli legge gli articoli di questa Rivista. Li fa commentare. Ed i bambini scrivono i temi. Belli semplici puliti. Come vorrebbe il mondo. Con gli amici animali a tenere compagnia. L'Ecologia dovrebbe essere obbligatoria per le scuole. Se non ci pensa il Ministero della Pubblica Istruzione, ci dovrebbero pensare le maestre. La maestra Piera Morelli porta i suoi bambini a visitare le cascine, a vedere la vendemmia, a visitare i parchi. E i suoi bambini la seguono. Conosceranno gli odori e i sapori. Quello che i genitori faranno vedere negli zoo. Quegli animali che i genitori hanno bandito dalle case. Quegli animali che le Amministrazioni hanno cacciato dalle città. I bambini della quarta C si sono avvicinati al mondo affascinante dell'innocenza animale. Non lo scorderanno più. E tornano a casa con impressioni che neanche l'indifferenza dei genitori potrà annientare. Bravi bambini. Brava maestra. Voi ci dimostrate che non stiamo lavorando per nulla.

da *Animali Natura Habitat,* n. 3, marzo 1984

Trattati così

Curiosità della Legge. Il maiale di S. Antonio viene macellato a favore della Chiesa: chi lo ruba commette furto a danno dei fedeli e del prete.
Chi si impossessa di un tacchino nelle vicinanze di una cascina, commette furto.

Chi, sia pure proprietario del fondo in cui si introducono delle galline, le prende per trarne profitto, commette furto e non appropriazione indebita.

Chi trova dei buoi per strada e se ne impossessa, commette furto e non appropriazione.

Chi spella vive le rane senza aver prima tagliato la testa, commette maltrattamento.

Non è maltrattamento portare al mercato gallinacci legati per le zampe.

Se invece, chiusi in gabbie o sacchi o sospesi al manubrio della bicicletta, c'è maltrattamento.

C'è maltrattamento se si portano al mercato agnelli legati alle zampe con unico nodo.

Non mettere ai cavalli una cuffia per proteggerli dal sole, non è reato. Custodire il bestiame in una stalla non bene areata, non è reato.

La macellazione ebraica, recisione della carotide dell'animale lasciato dissanguare prima di essere mangiato, è vietata.

Chi spella un bue prima che sia morto, commette reato.

L'accecamento degli uccelli per farli cantare meglio e fare da richiamo, è vietato: l'accecamento avviene con l'uso dei soli pollici.

Chi costringe un asino che ha piaghe a tirare un carro, commette reato.

Ed infine, a Milano e Roma si tennero nel 1923 corride di tori con uccisioni: ora la legge di P.S. lo deve impedire.

Il palio di Siena è tutto un maltrattamento di animali e va abolito. Ma provateci.

da *Animali Natura Habitat*, n. 4, aprile 1984

Curia e colombi

La simpatia della Curia per i colombi non è mai stata eccessiva. Nel 1915 il parroco della Chiesa di S. Fedele di Milano mise delle punte di ferro a mo' di aghi sulle sporgenze della Chiesa: i colombi che vi si posavano, si ferivano e morivano di cancrena.
L'Associazione Zoofila lombarda denunciò il prelato, ma la Magistratura non ravvisò gli estremi del maltrattamento.
Qualche tempo fa, la Reverenda Camera per la Fabbrica del Duomo circondò le guglie e la Madonnina con aghi elettrici che davano la scossa ai colombi. Allora l'arcivescovo si chiamava Colombo. Ma al nome non corrispondeva identica simpatia.
A quell'epoca dissi che ero d'accordo che dal Duomo andassero via i colombi a condizione che andassero via *tutti i ... colombi.*

da *Animali Natura Habitat*, n. 4, aprile 1984

Caccia

Dai giornali - Cronache di caccia. Don Natale Soppetto, parroco di Pobbia, centoventi anime, è stato arrestato per detenzione illegale di armi da fuoco. In Canonica aveva una pistola a tamburo, un fucile calibro 9, una carabina, una pistola calibro 22, una carabina ad aria compressa.
Tre cacciatori sono stati processati per direttissima dal Tribunale di Ivrea per detenzione di armi: un'insufficienza di prove e due condanne.

Un ex Guardiano del Gran Paradiso è stato beccato con due stambecchi decapitati: arrestato.

La caccia non a distinzioni: preti e laici ci si ritrovano. E, qualche volta, finiscono insieme in galera.

da *Animali Natura Habitat*, n, 5, maggio 1984

Ancora cronache

Cronache animali - I carabinieri di Ivrea hanno arrestato dieci cacciatori di frodo: tra questi, il Presidente di un'Associazione Cacciatori di Canavese.

I Carabinieri di Messina hanno arrestato due cacciatori che andavano a caccia con i raggi infrarossi applicati alle doppiette, che gli consentivano di cacciare di notte.

Otto cigni provenienti dall'oasi di Vanzago avevano dato origine ad una interessante discendenza; è bastata l'incoscienza di un ignoto a fermarla.

Sul lago di Pusiano hanno trovato morto un cigno reale; non avremo più discendenti.

A Sidney, Mike Mullis si è chiuso nella gabbia di uno zoo per restarci tre settimane in segno di protesta contro chi non rispetta l'ambiente.

A Napoli, l'avvocato Felice Palazzo, Sindaco democristiano di S. Giovanni a Piero, è stato rinviato a giudizio per truffa ai danni dello Stato, ed il Provveditore l'ha sospeso dalle lezioni perché (pare) si dava ammalato a scuola, dove insegnava Diritto per andarsene a caccia in Jugoslavia o sul Gargano.

Il biologo Bill Dawbin, per due anni ha registrato il canto delle balene.

Peter Phillips, figlio della principessa Anna, si è fatto fotografare con un fagiano ucciso dal padre Mark, esibito con legittimo orgoglio.

Gli australiani sono in allarme perché i canguri stanno rischiando l'estinzione.

Un cetaceo, lungo dieci metri, è rimasto infilzato dalla nave Domiziana che l'ha speronato al largo dell'Asinara.

Stamathis Kontoyannis ha catturato nell'Egeo uno squalo di 9 metri e di due tonnellate e mezzo.

Brigitte Bardot ha dichiarato guerra a Thaiti perché in Polinesia scompaiono ogni anno duemila cani che finiscono in pentola.

da *Animali Natura Habitat*, n. 5, maggio 1984

Padre Pio e padre Gemelli

Ancora sulla vivisezione. Partendo da lontano. Tutti sanno che padre Agostino Gemelli era un convinto vivisezionista.

Il fondatore dell'Università Cattolica beffeggiò gli zoofili e negò le stigmate di Padre Pio. Era coerente con le proprie idee. Nel VII centenario delle stigmate di S. Francesco, padre Gemelli scrisse sulla Rivista "Vita e Pensiero", che il «*vero stigmatizzato*» era Francesco d'Assisi, mentre tutti gli altri erano «*un prodotto di origine isterica*». Così, gli zoofili «*il frutto dei fioretti fittizi*». Padre Gemelli influenzò profondamente il pensiero della Chiesa sulla protezione degli animali.

I preti che hanno avuto concubine, praticato simonie, saccheggiato la natura con la caccia e regalato veleni, hanno perso anche l'occasione di riscattarsi sul tema degli animali.

Il loro attuale leader non ha rinnegato la vivisezione. Lo IOR passa anche attraverso la benedizione della vivisezione.

Se non vengono rinnegati i Papi a caccia, non puoi sconfessare tutto il resto.

E tutto si ricollega: l'esilio di Padre Pio e la cacciata degli animali dal tempio. La Storia poi ha chiarito che padre Pio non era un impostore.

La Storia ha insegnato che impostori non sono i zoofili. L'impostura parte dal Tempio.

da *Animali Natura Habitat,* n. 6, giugno 1984

La Fonti

Mi hanno mandato diverse pubblicazioni in cui si illustra l'attività di Clara Jolles Fonti, che è oncologa.

Trentatré anni fa si iniettò materiale canceroso per mostrare l'origine virale del cancro, ed il metodo per combatterlo con una diagnosi precoce. Dal materiale che mi è stato mandato vedo che la Fonti è stata osteggiata dalla Medicina ufficiale.

Querele, polemiche, intrighi. Forse perché è antivivisezionista? Forse perché le vie della scienza che addita, non sono quelle della sperimentazione sugli animali? Non riesco a capire: cosa c'è d'altro per non darle dei riconoscimenti, se li merita?

Io ho sempre pensato - da profano di cose mediche - che gli animali non servono proprio a nulla per la ricerca, e non voglio capirne.

O forse c'è qualche altro motivo per dare addosso alla Fonti?

Non sarebbe l'ora di dare un Nobel ad una anti-visezionista?.[1]

da *Animali Natura Habitat*, n. 6, giugno 1984

Carnevale a Pasqua

Pasqua arriva dopo il Carnevale.

Preceduta dalla quaresima. Ho sotto gli occhi la fotografia di un agnello fiducioso ai piedi di Pio XII che adorava il canarino Gretchen. E non riesco a concepire le carcasse degli agnelli che a Pasqua rimpinguano le panze di laici e preti.

Mi riesce difficile ammettere la mansuetudine dell'agnello che si lascia scannare senza ribellarsi, e maledico il suo destino al sacrificio ottuso ed inutile. Mi riesce ancora più difficile capire chi legittima questo stupido delitto per il diletto del solo stomaco. Ed a furia di non capire, mi trovo in una solitaria oasi di rabbia in cui, rinnegare l'imbecillità, diventa del tutto inutile.

Pasqua è Carnevale per gli agnelli.

da *Animali Natura Habitat*, n. 6, giugno 1984

---

1   L'Accademia del Mediterraneo, ed altre benemerite Istituzioni dii alta cultura, hanno proposto la professoressa Fonti per il premio Nobel 1984 (N.d.C.).

Dich

Per Dich, che si è perduto a Milano, hanno offerto una mancia di cinquecentomila lire, ma non l'hanno trovato.
La taglia non rende. Neanche se alzi il prezzo. C'è stato un tempo in cui il sequestro di un cane presumo rendesse.
Ma sono convinto che la maggior parte di cani perduti non vengono più ritrovati.
Forse perché è successo a me. E se si smarrisse un bambino? Le cose vanno diversamente.
Cane e valigia sono la stessa cosa.
«Cosa» appunto. Valori economici. Vali tanto se mi posso permettere tanto, poco se ho poco.
Il valore, quello vero, è altrove.
Senza prezzo, smarrito in un universo senza collare.

da *Animali Natura Habitat*, n. 6, giugno 1984

Per le signore

Durante una trasmissione radiofonica, ricordai, alle signore, che il breitschwanz viene tirato fuori dalla pancia della madre prematuro. Le viene aperto il ventre con un coltello, stando attenti a non intaccare gli agnellini che vengono scuoiati subito.
Che il visone viene catturato con trappole nelle quali resta attanagliata la zampa, e muore dissanguato e gelato, impazzito dal dolore.
Che l'ermellino viene preso con lastre metalliche rivestite di grasso, la lingua si appiccica e così resta.

Che le volpi vengono scuoiate vive dopo essere state appese ai ganci del muro.
Che i serpenti vengono inchiodati ad un albero, e gli si strappa la pelle con un colpo secco.
Che le renne vengono catturate con i lacci, e accoppate a coltellate.
Che il leopardo viene soppresso con una barra di ferro arroventata introdotta dall'ano fino ai polmoni per risparmiare la pelliccia.
È stata l'ultima trasmissione che ho fatto.

da *Animali Natura Habitat*, n. 6, giugno 1984

Consigli

Consigli di un medico del XVIII secolo.
Far dormire il malato con un cane, dargli da mangiare cacca del malato. Poi aprire il cane che avrà preso la malattia dell'uomo, e cercare la malattia che sarà quella dell'uomo.
È anche questa una vivisezione, che fa il paio con i topi tuffati nelle vasche di acido ed i cani con il cervello squassato dagli elettrochoc.
L'uso dell'animale per fini di medicina è talmente vasto e indiscriminato, che non basterebbe un impiego su larga scala dell'uomo, a fini di ricerca per fare giustizia.
E poi: usare l'animale per fini di ricerca, è come servirsi di pezzi di macchina da cucire per costruire un missile.

da *Animali Natura Habitat*, n. 8/9, agosto/settembre 1984

Zoomorfismo

Esiste uno zoomorfismo satanico: l'uomo crede che il diavolo si esprima negli animali, ed è arrivato a scomunicarli. Nel 1516, la Curia di Troyes scomunicò i bruchi, e quella di Napoli, i pescecani.

Si dice che il diavolo si compiaccia di trasformarsi in nero levriero o lupo o barboncino, che nello scheletro della gazza si annidi un osso del diavolo, che il gufo rechi sventura, mentre la frittata delle uova di gufo metta in sesto gli sbronzi.

E ancora, che il gallo esorcizzi il diavolo, la farfalla esprima l'erotismo, il capro la lascivia e il pipistrello l'androgenismo.

Ma che diavolo di animale è l'uomo?

da *Animali Natura Habitat*, n. 8/9, agosto/settembre 1984

Tematica

Sottopongo agli zoofili una grande problematica: chi può iscriversi alle Associazioni protezioniste? A prima vista può sembrare una domanda oziosa. Ma non è vero. Zoofili e protezionisti possono essere potenzialmente tutti, ma si possono creare casi di incompatibilità. Può un cacciatore iscriversi ad una sezione ENPA? Certamente no. E qui non ci piove. Ma può iscriversi, ad esempio, alla Lega del Cane?

Il cacciatore al suo cane ci tiene.

E qui il problema comincia a porsi: la Lega del Cane lo rifiuta? E ancora: il salumiere, il macellaio, il pellicciaio, possono iscriversi all'ENPA alla LAI, Lega Anti-vivizionista Italiana (tanto per fare alcuni nomi)? Chi può dire di no? Ma si può anche dire di sì? L'industriale che fa salumi e che munifica un Ente Zoofilo rischia di vedere restituita la sua elargizione? È mai successo? Se macellaio, salumiere, pellicciaio, esercitano nel rispetto delle Leggi, perché non potrebbero associarsi? E 'un fatto morale o di Leggi? La problematica è seria, e non si risolve né con Sentenze del TAR o con Delibere Consigliari.

Né vale radicalizzarla, poiché a questo punto solo i vegetariani, quindi una minoranza, potrebbero associarsi. Ma un criterio - uniforme - dovrebbe esistere. Qual è stato finora? Quello della «bocca buona» a prendere tutti?

Ci terrei molto a sapere come si sono regolati finora gli Enti Zoofili a cui sottopongono questa non inutile problematica, perché anch'io, dalle loro risposte, vorrei capire e sapere.

Mi rispondete?

da *Animali Natura Habitat,* n. 8/9, agosto/settembre 1984

I maestri di Noè

Tutti siamo cresciuti alla scuola di Bonuzzi e di Ciaburri, entrambi zoofili, entrambi di Bologna. Rileggo ancora le loro lettere. Una calligrafia minuta e didascalia quella di Bonuzzi. Slanciata ed estesa quella di Ciaburri. Eppure i due si erano divisi da tempo: forse si erano detestati, non si parlavano né si frequentavano.

Una cosa che arrecò danno alla zoofilia. Da anni sono mancati a questo mondo. e chissà che non si siano rincontrati nell'Aldilà e si siano scambiate le proprie idee. Forse avranno anche riso dei loro litigi terreni, e pianto su quelli delle Associazioni. È stupefacente notare come ogni C. (Comitato), A. (Azione), Z (Zoofila) che sorge, si guarda bene dall'intitolarsi a Bonuzzi o a Ciaburri (ma chi sono?) Spuntano comunicati, lettere e articoli su argomenti come: tiro al piccione, sperimentazioni, vivisezione, etc. che sembrano idee nuove, innovazioni e consigli utili.

Ma non c'è nulla di nuovo sotto il sole in zoofilia. Tutto era già stato scritto da Ciaburri e Bonuzzi, e prima ancora nei libri sacri delle religioni.

Nessuno in zoofilia può inventare più niente. È tutto vecchio come i delitti ostinati, la cui vitalità è stata scambiata per legalità. Libertà, dicevo all'inizio. Sì, libertà di ricordarsi dei succitati Maestri, che tali furono nell'insegnamento e nel rancore, e libertà di discostarsi dal loro mito, come libertà di farne altri. Libertà che ci conduce lontano, ma ci riporta all'immutata imbecillità umana unica ed irripetibile. Mi piace pensare che Bonuzzi e Ciaburri lassù abbiano fondato un'universale Società Protezione Animali priva di Presidenti e protettori, senza soci, senza quote e senza cariche.

da *Animali Natura Habitat*, n. 8/9, agosto/settembre 1984

Piccioni a Somaglia

Don Pierino Bernardelli nel 1973 era parroco a Somaglia, una cittadina del Lodigiano. Un bel giorno, decise di sbarazzarsi dei piccioni che volteggiavano sulla sua chiesa. Danneggiavano piselli, fagioli, frumento. Gli avevano fatto spendere venti milioni di lire per rifare il tetto. Furono chiamati i guardiacaccia del Comitato Provinciale Caccia, che effettuarono una battuta. Per alcune ore per i piccioni di Somaglia fu la notte di S. Bartolomeo.

Protestarono i parrocchiani, il farmacista e l'ENPA. Il fatto finì davanti al Pretore di Codogno con la sezione ENPA di Milano costituitasi Parte Civile, ed imputate sei Guardie Giurate del Comitato Provinciale Caccia. Il Pretore li condannò per maltrattamenti animali, e li assolse per gli altri reati: mille lire all'ENPA, Parte Civile per i danni.

Creparono una quarantina di colombi: i corpi furono divisi tra il parroco e le Guardie. La domenica successiva alla strage il parroco, durante la predica, lesse, a sua discolpa, la lettera del Comitato Provinciale che autorizzava l'intervento. Successe nell'ottobre del '73. Un testimone raccontò che le Guardie arrivarono al mattino alle 7,45 e finirono di sparare al vespero.

Gli spari venivano dalla piazza e dalla sagrestia. Il parroco si negò a chi protestava. Non so se don Pierino vive ancora. Se il Vescovo intervenne.

L'episodio è dimenticato. Il processo (ci fu l'appello) è pure ormai concluso ed archiviato. Storia vecchia.

Ma non inutile. Si poteva (e si doveva) fare diversamente.

Lo scrisse anche il Pretore di Codogno, dott. De Giorgio, nella sua sentenza: «*Anche ammesso che tali animali dovevano essere eliminati per i danni che provocavano, si poteva fare ciò con altri metodi, quali la cattura con reti o altri meno crudeli, e in grado, quindi, di evitare inutili sofferenze a dei poveri animali che non chiedevano altro che di vivere e prolificare secondo le Leggi di Natura e nel rispetto dell'equilibrio ecologico, già tanto compromesso dall'opera dell'uomo.*

Bisogna tenere conto, infine, anche dell'impressione che tali azioni provocano nella popolazione, specie nei bambini ...».

Caro don Pierino, ovunque lei sia, cosa può aver detto S. Francesco d' Assisi?

E il buon Dio?

Non so, ripeto, se per questo fatto don Bernardelli subì sanzioni, e comunque non m'interessa. So che il peso di quei poveri piccioni uccisi deve ancora gravare sulla testa di qualcuno. Per me queste sono colpe eterne, che nessuna indulgenza plenaria può cancellare. Se andate dalle parti di Somaglia, ricordatevelo.

La strage fu d'ottobre proprio nel mese in cui (oh sottile ipocrisia!) venne celebrata la festa di Francesco d'Assisi.

Se andate a Somaglia ricordatevelo.

Io propongo che in piazza, a titolo di riparazione, venga posta una lapide.

«*Qui il 12 ottobre 1973 vennero uccisi quaranta piccioni colpevoli di aver lordato il campanile. I superstiti ricordano e girano alla larga*».

Le spese dovrebbero essere a carico della Canonica.

da *Animali Natura Habitat*, n. 8/9, agosto/settembre 1984

Sciopero dei TIR

Nei giorni in cui lo sciopero dei TIR ha sconvolto il traffico in Val d'Aosta, sono morti molti animali per fame e per freddo.

L'attenzione in quel periodo era rivolta altrove, e l'agonia silenziosa di quegli animali è passata in secondo ordine. Siamo stati in pochissimi a ricordarcene, in pochissimi ora a riparlarne. Su chi pesa quella morte lenta e crudele? È immaginabile quella sofferenza ammucchiata e violenta su un'autostrada gelida come l'indifferenza di tutti.

Mi ha fatto sorridere pensare che esiste una direttiva della CEE relativa alla protezione degli animali nei trasporti internazionali: non so se viene applicata nel nostro Paese, so che in questo caso tutto è rimasto in sospeso, e che la morte non ha risparmiato vite infelici, vittime dell'egoismo e dell'interesse di uomini e governi.

Quelle povere bestie stupite e stipate nei TIR sembrano dire: «*Che colpa abbiano noi dei vostri contenziosi umani, per vederci privati di un sorso d'acqua, e quale giovamento avranno gli uomini se moriamo d'inedia l'uno sull'altro, bestie e solo bestie da vile macello?*»

E nessuno, credo potrà rispondere, perché un valido motivo per quella morte crudele non c'è, e comunque non è tale da giustificare niente e nessuno.

da *Animali Natura Habitat*, n, 10, ottobre 1984

A Legnano non mi hanno condannato

«*Papà, vieni subito. La televisione ha detto che ti hanno condannato a venti giorni di galera*».

Erano le diciannove e trenta del 24 maggio, quando mia figlia Cristina, che ha nove anni, vedendo la televisione, è corsa a dirmelo. Sbigottito dalla notizia, ho poi saputo che, in effetti, il TG3, dando notizia della Sentenza del Pretore di Legnano, che aveva condannato un vigile ed uno stradino per un fatto di maltrattamento, ha aggiunto che, anche come Ispettore dell'ENPA, ero stato condannato, In realtà, la condanna c'era stata, ma non per me, bensì per il volontario Capo Servizio dell'ENPA di Milano che aveva denunciato il vigile. Dopo il primo stupore, io, che in quel Processo avevo fatto l'Avvocato dell'ENPA come

Parte Civile, poi, ho capito tutto; ho fatto i comunicati e, la sera dopo, lo stesso canale della televisione ha dato la rettifica.

Cosa ti può combinare un ignoto corrispondente! La gente che conosco, appresa la prima notizia, mi ha tributato solidarietà, ed io a spiegare che non era vero niente, che le cose stavano diversamente. Ho capito, in quella circostanza, come i mezzi d'informazione ti possono annientare o renderti popolare in pochissimi secondi.

Ci scusi, abbiamo sbagliato e rimediamo. E va bene, ho dovuto vivere anche questa esperienza. Sul fatto del cane di Buscate, però, bisogna fare qualche riflessione. I colpevoli, il vigile e lo stradino, sono stati condannati alla pena pecuniaria di lire trecentomila, ma sono pure stati condannati il testimone che vide i fatti (per altri reati denunciati dal vigile) e il volontario dell'ENPA (per usurpazione di pubblici poteri), che denunciò il caso alla Magistratura. Si terrà l'appello, e sono convinto che in quella sede i fatti si chiariranno. La cosa però non mi convince. Non mi convince il fatto che il volontario dell'ENPA possa aver commesso degli illeciti. Ci hanno portato via le Guardie Zoofile.

Non si sa più come comportarsi, quando si fanno denunce.

Diversi collaboratori dell'ENPA hanno subito, per animo di rivalsa, denunce da parte di chi, a sua volta, era stato denunciato. Non vedo certezze. Resto dell'idea che, a volte, è la stessa Legge a mettersi contro la Protezione degli animali.

Non ha più senso avere Enti che s'intitolino alla loro difesa.

Propongo che gli Enti Protezionisti vengano aboliti. E che venga istituito il Pretore degli animali, come quello per l'inquinamento, per il consumatore e per l'ambiente.

E, per favore, non spaventatemi più mia figlia più piccola, Cristina.

da *Animali Natura Habitat*, n, 10, ottobre 1984

Cavallo a Sedilo

La sconcia macchia rossa deturpa il bianco cavallo nobile anche nel dolore. Succede a luglio a Sedilo.

Fanno una corsa sfrenata, i cavalli eccitati, i cavalieri con gli speroni taglienti, il percorso cosparso di sassi e barattoli. È l'Ardia, una spericolata cavalcata, per commemorare la vittoria di Costantino il Grande contro Massenzio. I cavalieri partono da uno spazio dove campeggia una croce di pietra, raggiungono la chiesa e l'aggirano per sette volte, a briglia sciolta. Ci hanno provato a farla smettere, e un Pretore, in cinque pagine, ha dichiarato che l'azione penale non doveva essere esercitata perché i fatti non costituiscono reato.

Tra le altre cose ha scritto: «*Tanto meno il Diritto Penale tutela le esigenze eccessive di un tenerume che non è espressione di una moralità superiore, ma proviene da squilibrio psichico o da zelo aberrante*».

Ebbene sì, vedendo queste fotografie, non mi vergogno di avere un certo tenerume, e non mi interessa nulla se il Pretore non ritiene che vi sia un maltrattamento. Tutto il mio essere si ribella al vedere questo dignitoso animale bianco ferito in maniera lacerante. Gli hanno sconciato la bellezza, il bianco cavallo galoppa con la sua tortura.

Lo sperone non gli dà tregua. Non c'è dolore più grande, per un essere bello e perfetto, che dover trascinare davanti a tutti la bellezza deturpata. Non esiste sofferenza fisica che possa essere paragonata a una bellezza umiliata. Non è reato? Non m'importa. Ma a nessun uomo può essere concesso di avvilire la bellezza.

E questa è colpa grande, ed immensa. Tanto grande che neanche il Codice Penale può contenerla.

da *Animali Natura Habitat*, n. 10, ottobre 1984

Gesù e il decreto

Il Decreto Ministeriale 11 giugno 1980 autorizza la macellazione senza preventivo stordimento, eseguita secondo i riti ebraico e islamico.

L'operazione deve avvenire con un coltello affilatissimo che recida con unico taglio esofago, trachea e i vasi sanguigni del collo.

Il Decreto Ministeriale del 16 febbraio 1980 prevedeva la macellazione a mezzo idoneo stordimento.

In diversi Paesi, come ricorda in una sua nota Silvano Traisci, Presidente dell'ENPA di Torino, l'abbattimento degli animali secondo i Rituali ebraico e musulmano, avviene con stordimento. Il nostro Paese se n'è distaccato.

Il rispetto per le Religioni deve essere ampio, ma anche queste Religioni devono avere lo stesso rispetto per la vita degli animali e le opinioni diverse.

Tolleranza non significa accettazione o quiescenza. Nessuno si sognerebbe di mutuare, dalle legislazioni o religioni musulmane, l'applicazione di pene corporali per i malfattori, perché la nostra civiltà lo esclude. Non è pertanto possibile per noi accettare l'assassinio di animali a mezzo di un acuminato coltello senza prima essere ricorso all'opportuno stordimento. Né mi pare che Talmud e Corano prescrivano che l'animale debba essere sgozzato da cosciente per ottenerne il dissanguamento. Ripeto che rispetto ogni credenza, ma non posso accettare l'imposizione su esseri che non possono difendersi; l'adozione di pratiche di sofferenza che nessuna religione può legittimare. E se poi tutte le religioni debbano coalizzarsi contro gli animali, vuoi per l'ipocrisia, vuoi per cieco fanatismo, allora che vadano alle ortiche. Gesù, Maometto, Budda, per me, non potrebbero accettare passivamente l'inflazione di sacrifici dolorosi né, credo, simili pratiche otterrebbero il consenso di Francesco d'Assisi. Se fosse diversamente, allora Gesù e Maometto sarebbero venuti per nulla, iniziatori e profeti di sacrifici di sangue e non portatori di amore e di pietà. Ma so bene che sono i loro interpreti gli infedeli del messaggio originario, e un Decreto Ministeriale non può rendersi loro complice.

da *Animali Natura Habitat*, n. 11, novembre 1984

Don Luigi Matteazzi

Al momento in cui avevo scritto questo articolo, il Governo non aveva ancora approvato il progetto di Legge per il divieto del tiro al piccione. Adesso più che altro mi preme segnalare le parole di un parroco di Montebello, don Luigi Matteazzi, che sulla "Stampa" del 4 maggio aveva dichiarato: «*C'è violenza sulle strade, c'è violenza negli spettacoli, c'è violenza in tutto e dobbiamo preoccuparci dei piccioni?*». E poi ancora: «*Prima occupiamoci dell'uomo, poi di questo* uccello. *Sia chiaro che lo stesso discorso vale anche per la caccia, per la pesca, per tutto quello che riguarda sofferenza e morte di animali. Non firmerei per l'abolizione di questo tipo di sport, se così lo possiamo chiamare; la cosa mi trova indifferente; questa campagna non micommuove».*

E bravo don Luigi Matteazzi, aveva parlato chiaro, e dedico le sue parole a tutti coloro che continuano a illudersi che dai preti possa venire un contributo alla zoofilia. Mi pare un po' strano continuare a predicare una sviscerata attenzione ai problemi dell'uomo continuando a trascurare l'animale. Se una volta tanto si provasse ad invertire i termini dell'attenzione dedicandosi all'animale, probabilmente i risultati (anche sull'uomo) sarebbero migliori. Ma, don Luigi Matteazzi non si commuoveva. Che uccidessero vigliaccamente e per divertimento migliaia di volatili innocenti, per lui era indifferente. Non avvertiva sdegno, non sentiva la necessità della pietà. L'indifferenza della pietra. Io non ritengo di dover stare a sprecare altre parole. D'ora in poi mi basterà nome e cognome di questo prete, don Luigi Matteazzi.

da *Animali Natura Habitat,* n. 11, novembre 1984

Oche allo stadio

Derby a S. Siro, domenica 17 marzo. Settantamila scatenati allo stadio.

Prima dell'inizio della partita da parte milanista vengono scagliate tre oche con i colori dell'Inter.

Il lunedì i giornali ne pubblicano le fotografie. Un giornalista sensibile e attento, Piero Lotito, ci pensa su bene, fa una sua piccola inchiesta schifato dell'accaduto e, sul suo giornale, "il Giorno", denuncia a cosa. Le oche in campo rincorse, malmenate, tirate per le ali e collo. Che fine hanno fatto?

Come sono entrate? Chi l'ha permesso? Perché non è stato impedito?

Lotito esprime l'indignazione di molta gente, mentre l'ENPA milanese fa ritualmente partire la sua denuncia al Magistrato.

Io non sono mai andato allo stadio, perché non sono sensibile al talento dei piedi; ma questa cosa proprio non la capisco.

È stupida e crudele.

I milanisti volevano dimostrare che gli interisti erano oche, cioè stupidi. Hanno dimostrato solo di essere dei grossi imbecilli.

Uomini

Angelo Bordoni

È giusto cominciare con Angelo Bordoni.

Il suo nome è forse sconosciuto al gran pubblico degli zoofili, ma è notissimo in una stretta cerchia di amici. È da lui che sono partite le più importanti iniziative contro la crudeltà verso gli animali.

Abita a Milano: non diremo dove, né chi è e cosa fa. È geloso della sua riservatezza, e noi non la violeremo. Diremo solo che la sua battaglia zoofila è nata con lui, nei suoi discorsi e nelle sue azioni. Non ha scritto nulla perché è un uomo di parola e non di penna.

Ha parlato: appartiene ad una razza di magnifici oratori, ha appreso l'arte dai migliori maestri dell'eloquenza del nostro tempo, e l'ha usata a favore degli animali.

Le sue battute sono state le occulte ispiratrici delle sommosse zoofile milanesi. Finché un giorno qualcuno l'ha costretto ad uscire dal cerchio del suo pubblico ristretto. È stato difficile, ma bello.

È successo il 24 novembre 1967, al Circolo della Stampa di Milano.

Palazzo Serbelloni straripava di pubblico. Bordoni ha parlato contro la vivisezione. Un discorso di un'ora e mezza, interrotto per ventiquattro volte dagli appalusi del pubblico. Un discorso unico nel suo genere, completo, irresistibile, come solo lui sa fare: mai visto un pubblico così attento e commosso farsi trascinare dall'entusiasmo e dall'ira.

Un discorso che ha bruciato vent'anni di inerzia zoofila.

Il discorso è diventato progetto di Legge; Ciccardini ha profuso quel talento nella sua relazione introduttiva.

A distanza di tempo, l'attore Carlo Enrici l'ha riproposto all'attenzione del pubblico Torinese.

Poi, Bordoni è tornato alla sua riservatezza e ha chiesto di essere dimenticato. Ma non c'è riuscito nessuno: e nessuno è riuscito a smuoverlo. È rimasto irremovibile nella sua convinzione che gli uomini non riusciranno mai ad eliminare la schifosa vergogna della tortura scientifica: non possiamo dargli torto.

Bordoni nutre una imprecisata schiera di gatti randagi: ci va ogni giorno, di persona, con cartoccio e ciotola, beccandosi le maledizioni dei vicini, che, da sano toscano, sa ricambiare. Ha salvato decine di animali abbandonati sulle strade, da solo, senza disturbare Enti o persone. Ha due gatti: Luna e Mucci. Vivono per aspettarlo quando rientra a casa indispettito con il mondo. Pur essendo stato in prima linea, detesta le benemerenze al merito, le cariche ufficiali, le accademie delle buone intenzioni: aggredisce a viso aperto, (contro la strage dei diecimila piccioni impallinati il maggio scorso a Milano dai tiravolisti, contro lo stradino di Bollate che due anni fa ammazzò un cane a martellate, contro i divieti che impediscono ai cani il verde di Milano, contro i preti cacciatori, contro gli uccellatori). Ha mantenuto la discrezione del soldato semplice. Fu lui a definire «Piccolo Cottolengo» il rifugio di Masselli, e a chiedere costanza d'aiuto per i mille ospiti a quattro zampe di Virginia Craia. Non c'è intervento che non abbia suggerito. È tutto condensato nei suoi discorsi che gli amici benevoli hanno voluto raccogliere. Se vi capita di leggere un'invettiva contro una delle tante crudeltà, a cui i nostri simili sottopongono gli animali, o di assistere a qualche manifestazione di protesta, sappiate che l'ha ispirata lui. Ma non lo troverete nella folla: è altrove, nella sua interezza di uomo, a legare altri fili. Forse Angelo Bordoni se la prenderà perché, contro la sua volontà, si è parlato di lui.

Ci perdoni: la storia, quella sconosciuta, della zoofilia italiana, è stata fatta dai suoi capolavori di parole. Era giusto che la gente lo sapesse.

Con questo numero la Rivista *Zooespresso* pubblicherà una serie di «Schede» di personaggi zoofili.

Sono gli uomini che conducono con coraggio la battaglia in difesa degli animali e della natura, ed è giusto che i nostri lettori li conoscano. In ogni numero comparirà un personaggio: il lettore saprà chi sono, ne vedrà il volto, ne conoscerà le idee e le abitudini.

Siamo certi di fare cosa. gradita al nostro affezionato pubblico offrendo questa galleria di personaggi a cui dobbiamo essere riconoscenti.

da *Zooespresso* del 1971

Guglielmo Bonuzzi

Non ricordo se fui io a cercar Bonuzzi o fu lui a cercare me. Non importa: è certo che ci ritrovammo nella casa madre della zoofilia con la stessa battaglia nel sangue.

Bonuzzi, la zoofilia l'ha avuta da bambino, come la passione per il giornalismo.

A 14 anni lavorava nei campi della pianura veronese e strappava di mano ai contadini i giornali, «arretrati di resa», che usavano per la bachicoltura. Sfamava la sua fame di carta stampata nell'esercizio di osteria e di alimentari del padre, cullando il sogno di scrivere.

Fu autodidatta, e il suo primo libro di novelle paesane che l'Editore Treves gli pubblicò, s'intitolò al nome del borgo in cui nacque: Santa Maria di Zevio, che vide la sua infanzia povera e pensosa. Fu corrispondente dell'«Arena» di cui, nel 1913, divenne cronista: il suo primo articolo fu un pezzo di colore sulla Prima dell'Aida all'Arena. Tre anni dopo andò a dirigere «l'Adige», e nel 1917 fu assunto al «Corriere della Sera». Ci restò sette anni e poi, per altri trentasette, al «Resto del Carlino».

Ha pubblicato una trentina di opere, tra cui una trilogia romantica (Precocità, Il sole alto, Ansia di vivere), e un'altra zoofila (l'animale questo sconosciuto, L'altro prossimo, Gli animali si vogliono bene) a cui si aggiunge l'ultima fatica edita da Cappelli «Noi animali».

Bonuzzi, nato con la penna in mano, non l'ha deposta neanche quando è andato in pensione; è rimasto un giornalista che ha sempre qualcosa da dire. È una penna che non andrà mai in pensione tanto è ricca e vitale: attualmente sta preparando una storia del «Resto del Carlino», il giornale che, al suo congedo, gli ha dato il "Carlino d'Oro" ed una targa di platino. Ha avuto cinque premi letterari: l'ultimo gli è stato assegnato dalla Presidenza del Consiglio dei Ministri.

Le sue pagine più belle sono dedicate alla difesa dei «nostri fratelli minori», per i quali Bonuzzi si è prodigato per un dramma di pensiero: la difesa del debole e del giusto, contro la sopraffazione.

Per quarant'anni Bonuzzi ha militato nelle Società Zoofile, lasciandovi un'impronta indelebile.

Nel 1928 fu Presidente della Società Bolognese per la Protezione degli Animali.

Naturalmente, trasformò tutto, anche il nome, che cambiò in Società Zoofila Emiliana.

Quando nel 1938 fu istituito l'ENPA, Bonuzzi fu chiamato a Roma dal Ministro dell'Interno per collaborare all'istituzione dell'Ente: nel 1929 aveva collaborato alla fondazione dell'Unione Antivivisezionista Italiana. Siamo ai tempi eroici della zoofilia, che Bonuzzi animò con coraggio e passione: fondò a Bologna il "Rifugio del cane e del gatto", che nel primo trentennio salvò 30.000 cani e 2.500 gatti. Introdusse l'adozione della pistola a proiettile captivo nella macellazione umanitaria, si diede da fare per fondere sezioni in altre regioni.

La sua lotta più dura fu contro gli accecatori degli uccelli da richiamo in Romagna.

Andava in giro con gli altri Agenti Zoofili travestito da cacciatore. Con questo espediente riusciva a farsi condurre negli scantinati e nei solai dove trovava gli uccelli accecati a cui avevano trapassato le pupille con gli spilli roventi. Oppure pennellavano le palpebre dei volatili con l'acido solforico, o essiccavano i globi oculari con l'abbacinamento, o saldavano le palpebre con cicatrici provocate da ustioni.

La lotta fu lunga e dura, e si spostò nel Bergamasco, dove prevaleva l'usanza di incidere il nervo destinato a sollevare la palpebra superiore. La spuntò, ma si fece molti nemici. Fu Ispettore Regionale dell'ENPA: ora è Medaglia d'oro dell'ENPA per i suoi «altissimi meriti zoofili». Nessuno, probabilmente, come Bonuzzi, ha meritato la fama di "santo laico della crociata zoofila."

Le sue pagine hanno raccontato tutto l'orrore della morte crudele a cui la ferocia dell'uomo ha voluto sottoporre gli animali.

La sua opera è completa, ed è una fonte inesauribile di notizie, di episodi e di osservazioni, a cui devono necessariamente rifarsi tutti gli studiosi che vogliono riflettere sulle meraviglie del mondo sub-umano.

Ha descritto l'amore nei suoi più atroci patimenti con la prosa chiara e profonda dello scrittore sano e onesto, misurato anche nella maledizione.

Se si volesse fare di Bonuzzi un'agiografia, non gli si renderebbe merito: non riesce difficile, amando gli animali, essergli amico. Perché ti spunta accanto appena scrivi di un problema zoofilo che lui ha già trattato, e difficilmente si riesce a farlo senza servirsi delle sue parole.

Bonuzzi, sugli animali, ha detto tutto: si può solo rubare parole dai suoi libri.

Sarebbe più contento se si rubasse una fetta di quell'amore francescano che ha profuso nelle sue opere.

Diciamogli che ci ha fatto capire l'amore per gli animali; è l'ultima medaglia che manca alla sua collezione.

Quella a cui tiene di più.

da *Zooespresso* del 1971

Mario Dosi

Mario Dosi ha lasciato la politica dopo vent'anni di vita parlamentare. La sua figura è molto nota agli zoofili che in lui hanno riposto molte speranze.

Quantunque lontano dai banchi del Parlamento, Dosi è un legame vitale per tutte quelle iniziative zoofile che, nate nell'opinione pubblica, cercano una soluzione legislativa. Di temperamento riservato, tenace, scrupoloso, preparato, Dosi è stato l'interprete parlamentare discreto e isolato delle istanze zoofile in tempi in cui i cronisti parlamentari ritenevano inutile dedicare due righe alle interpellanze di chi chiedeva maggior rispetto verso gli animali.

La carriera del Senatore Mario Dosi è stata brillante e feconda di importanti realizzazioni.

È nato a Bari nell'ottobre del 1903, e si è laureato a Bologna in Legge. Giovanissimo avvocato, è rimasto fino al 1943 nella Confederazione dell'Industria, dirigendo Unioni Industriali e Federazioni Nazionali di categoria.

Nel campo dell'industria, ha svolto un ruolo importante quale amministratore di diverse aziende che, sotto la sua guida, hanno avuto sviluppo e successo, legando il suo nome particolarmente al campo dell'industria tessile.

Divenne deputato nel 1953 quale indipendente nella lista democristiana per la Circoscrizione Milano-Pavia. Fu rieletto nel 1958 e nel 1963: nel 1968 passò a palazzo Madama.

Durante queste quattro legislature, ricoprì le cariche di Vice Presidente della Commissione Industria e Commercio delle Camere di inchiesta sui monopoli, Presidente della Commissione Parlamentare Dazi e Dogane, Presidente della Commissione Parlamentare di Vigilanza sulle Radio- diffusioni. Durante la vita politica è stato relatore di diversi disegni di Legge, quali la regolamentazione della ricerca petrolifera, la disciplina dell'artigianato, il finanziamento a tasso agevolato della piccola e media industria.

Dopo esser stato relatore al Senato della Legge sull'assicurazione obbligatoria delle auto, il senatore Dosi si è occupato a fondo del campo assicurativo, presentando una proposta di Legge che permettesse investimenti azionari alle Compagnie di Assicurazione, che il Parlamento approvò, e presiedendo la Commissione per il finanziamento e l'Assicurazione dei crediti all'esportazione.

Quantunque impegnato in queste molteplici attività, Dosi non ha trascurato gli aspetti dolorosi della condizione umana, assumendo la presidenza di vari Istituti benefici, quali l'Istituto Sacra Famiglia di Cesano Boscone, l'Istituto di Maternità fondato da Laura Mantegazza, e la Mutua Sanitaria Resnati, promuovendo attività assistenziali.

Né ha dimenticato l'assistenza a quelle vittime innocenti che sono i figli dei carcerati: per queste nobili iniziative, il Senatore Mario Dosi, che è Cavaliere del Sovrano Militare Ordine di Malta, ha avuto dal Ministero di Grazia e Giustizia la medaglia d'oro al merito della Redenzione Sociale.

Al culmine della carriera, Dosi è stato recentemente nominato, con Decreto del Capo dello Stato, Presidente dell'Istituto Nazionale delle Assicurazioni.

Gli ambienti zoofili hanno conosciuto il Senatore Dosi per le iniziative parlamentari che hanno fatto conoscere, all'opinione pubblica, inaudite crudeltà contro gli animali.

Ricordiamo gli interventi di Dosi per il finanziamento dell'ENPA, e diverse iniziative per la severa regolamentazione della vivisezione.

È qui che Dosi ha scritto la sua pagina più bella, che gli zoofili premiarono dandogli, tramite il dott. Gennaro Ciaburri, che per quarant'anni aveva retto la Presidenza Nazionale dell'Unione Antivivisezionista Italiana, la Presidenza Onoraria del sodalizio.

La sua figura, alta e severa, si levò quasi solitaria, in un mondo politico rissoso e indifferente, contro gli esperimenti del professor Monticelli dell'Università di Roma.

Fece interrogazione rivolta al Ministero della Sanità e al Ministero degli Interni nel 1964: l'interrogazione, che ebbe il plauso di molti ricercatori e scienziati quali il prof. Valentino Chiodi, il prof. Mario Asti, il prof. Mario Girolami, precedette di pochi anni l'ondata antivivisezionista, che lentamente stava nascendo nell'opinione pubblica, di cui Dosi fu in Parlamento il fedele interprete.

Ebbi modo di seguirlo, durante la mia breve presidenza all'UAI, nei suoi interventi: a lui fecero capo tutte le Leghe zoofile che intuirono la riscossa.

Dosi fu vicino a Virginia Craia, che vedeva minacciato il suo sogno di costruire il rifugio in cui ospitare i suoi mille cani, e la protese contro l'indignazione delle Autorità locali; fu vicino alle denunce sistematiche che gli Enti Zoofili presentarono contro i più sudici attentati alla vita sub-umana, dall'assassinio del cane Tom di Bollate al ripristino dell'uccellagione, dalle iniziative contro il campionato mondiale di tiro al piccione tenutosi a Milano lo scorso anno, ai provvedimenti contro certe agenzie turistiche che promuovono inauditi viaggi sul Baltico per cacciare le foche.

Fu in prima linea, ascoltò tutti coloro che si rivolgevano a lui, ed esaudì le promesse senza (cosa inverosimile per un politico) chiedere nulla in cambio.

Ha seguito costantemente le evoluzioni del progetto Ciccardini contro la vivisezione, intervenendo con discrezione e modestia.

Ora, più che mai, pur avendo lasciato la vita parlamentare, il Senatore Mario Dosi è più prezioso e vicino ai zoofili. Perché è l'uomo che conosce le serrature adatte, e può fare ancora molto per la zoofilia con quella schiettezza e pulizia di vita che l'hanno reso simpaticamente caro anche a chi milita in campi avversi.

da *Zooespresso* del 1971

Gennaro Ciaburri

Lo conobbi intorno al 1967. Andavo in giro a parlare per gli animali. Mi chiamò a Bologna: per la prima volta mangiai alla cucina vegetariana. Scriveva anche libri di cucina. Mi disse: mi presiedi la mia UAI? Risposi: se mi laureo. Mi laureai. E, con Gianna Audisio la Piana, in duecento giorni bruciammo vent'anni di inerzia. E poi continuarono gli altri.

Ciaburri mi scriveva a mano quando erano lettere importanti. Aveva vissuto la persecuzione fascista che gli aveva bandito le idee e i libri. Viveva a Bologna tra tanti libri, conosceva bene diverse lingue.

Un maestro patriarca: a Bologna ce n'erano due, lui e Bonuzzi. Troppi per una stessa città. Ebbero dissapori antichi, e mi dispiacque quando lo seppi. Feci parlare Ciaburri il 4 ottobre al Circolo della Stampa: il pubblico gli diede quel riconoscimento negatogli per anni da Autorità ed Accademie. Io, giovane, fui lieto di aver contribuito a ridare a lui, vecchio, questa notorietà.

Gli volli bene, e ne fui ricambiato. Ci restò male quando dissi che lasciavo la presidenza dell'UAI, ma capì. Alla sua età non si tirava indietro davanti a niente e nessuno. Era tanto prodigo di slanci di affetto quanto di invettive. Lasciò un libro importante sulla vivisezione, che poi ognuno di noi ha dovuto saccheggiare. Vestiva di scuro, e quella barba bianca dava, ad un impercettibile balbettio, il carisma della parola. Sembrava un principe russo in esilio a cui avevano fatto il grande torto di rinnegargli la patria. Si sentiva cittadino del mondo. Dopo la mia uscita, non ebbi più contatti con lui. Fu un'antica bandiera, che non poteva capire la contemporaneità; una bandiera pulita, sia pure logora. Parole e scritti furono autentici messaggi. Intraducibili per questo tempo. Anche per me, che li raccolsi, la riproduzione è difficile. Ma basta, a farli rivivere, una fotografia. Con dedica.

Elio Carlo Ferrero

«Monsù Ferrero, stufo di sopportare immeritate angherie, è giunto, molto suo malgrado, nella determinazione di proibire ogni forma di caccia sul territorio di sua proprietà, e vietare l'accesso a persone armate sulla sua strada privata».
Con questa diffida proclamata da Berzano S. Pietro nell'agosto del 1968, Elio Carlo Ferrero scendeva in campo contro i cacciatori. Gli avevano ammazzato una coppia di pavoni, devastato i campi, fatto strage di germani reali, polli e conigli, proiettili vaganti sulle colline avevano sfiorato lui, la moglie, il figlio e i suoi collaboratori. E così, si risvegliò il suo spirito barricadiero: piazzò nei campi i suoi cartelli di diffida avvertendo che avrebbe confiscato armi, denunciato chi avrebbe calpestato le sue zolle e che avrebbe difeso la sua tranquillità con ogni mezzo lecito.
Alle avventure rocambolesche Ferrero è abituato, perché non ha mai reso tranquilla la sua vita. Torinese di nascita, figlio di un medico chirurgo primario del San Giovanni, antifascista, e come tale sorvegliato speciale, a nove anni

seguì il padre a Nizza, dove era andato scocciato di essere costretto dagli agenti dell'OVRA a fare un giretto quando Mussolini arrivava a nord dell'Arno. Il ginnasio lo fece a Nizza, ma la maturità la prese a Torino al liceo Alfieri, poi espatriò. Attraverso i sentieri dei *maquisards* trovò la via della Resistenza francese e fece parte dei *francs tireurs et partisans*: ne fece di tutti i colori. Fermò treni e convogli, liberò ebrei deportati e resistenti, aiutandoli a varcare la frontiera attraverso i Pirenei; attrezzò un campo di atterraggio dove gli aerei inglesi paracadutavano materiale; tutte azioni incruente.

Alla Liberazione evitò molte rappresaglie e vendette personali facendo parte del Comitato di epurazione.

Il padre gli morì nel 1943: disgustato dalla vita politica, al suo rientro in Italia sì iscrisse alla facoltà di Legge. Fece i primi due anni: poi litigò con il prof. Allara, strappò il libretto, si sposò, acquistò un podere e si mise a coltivare i campi, finché gli spari dei cacciatori non gli fecero rispolverare lo spirito guerriero.

Questo è l'uomo che è sceso in campo contro i cacciatori. Fu imputato di minacce gravi per la sua diffida ai cacciatori.

Al Pretore di Chivasso fece conoscere le armi con cui difendeva la sua tranquillità: perette da clistere sotterrate tra le zolle, fossi pieni di sterco liquido ricoperti da erba galleggiante, campane.

Fu assolto. Ma ebbe contro Sindaco, farmacista, parroco, Messo Comunale, e, naturalmente, tutti i cacciatori.

Svendette la proprietà e fondò il CIA: l'abolizione della caccia era diventata per lui una nuova guerra di liberazione. la liberazione dai fucili, dalla vigliaccheria dell'uomo contro il debole. La televisione gli dedicò un servizio, poiché le sue azioni clamorose l'avevano reso un personaggio.

Lanciò da un aereo volantini contro i cacciatori, organizzò cortei contro i cacciatori, organizzò cortei con *majorettes,* bande musicali, elefanti, cammelli, lama, scimpanzé; lanciò per le Universiadi 5000 palloncini colorati con una scheda-referendum; rivolse petizioni e preparò progetti di Legge, organizzò a Cumiana il primo referendum ecologico; si mise a battere le campagne con una roulotte per diffondere idee e avere proseliti.

Le Associazioni venatorie cominciarono a temere quest'uomo che li sfidava con la spavalderia del suo ottimismo: lo coprirono di ridicolo, ma Ferrero non se ne curò.

Puntò a iniziative clamorose: i Parlamentari non se lo fecero scappare e gli diedero corda, concedendogli solo promesse. La stampa non poté ignorarlo perché le idee abolizioniste cominciarono a raccogliere migliaia di proseliti. All'estero le iniziative di Ferrero suscitarono consensi entusiasmanti. Forte di questi incoraggiamenti, Ferrero passò al boicottaggio del turismo. Alcune importanti Associazioni Protezioniste tedesche, fecero sapere che i loro iscritti non avrebbero più messo piede in Italia se fosse continuata l'indiscriminata caccia agli uccelli.

Grazie a Ferrero, la caccia è andata in crisi: opinione pubblica, pubblici amministratori, non hanno potuto ignorare il problema che gli è scoppiato in mano. Il resto, storia recente: i provvedimenti dei Consigli Regionali in tema di caccia, contrastanti e contraddittori, alla ricerca di un compromesso tra cacciatori e protezionisti, i progetti di Legge per abolire la caccia, almeno per due anni. E poi, c'è tutto il resto: l'abolizione per il tiro al piccione, l'indignazione contro le stragi degli animali da pelliccia. Ferrero ha raccolto in tutto il mondo 500.000 firme contro la caccia, alcune delle quali molto autorevoli. Quest'uomo

avventuroso e idealista, che conduce da solo la sua batta-
glia personale contro un impero economico che ha messo
in crisi, si appresta a consegnarle al Ministro Natali.
La gente che prima si chiedeva «*ma perché an rump i ciàp?*»
ora l'ha capito, e gli dà ragione.

da *Zooespresso* del 1971

Vincenzo Caruso

Caruso è entrato in zoofilia, con discrezione, in grisaglia
e farfallino.
Nella primavera del 1967 era tra le quaranta persone che
ascoltavano presso la società Teosofica di Milano, in via
dei Piatti 4, il dott. Gennaro Ciaburri che scagliava i suoi
anni di medico contro la vivisezione.
In quel periodo, l'opinione pubblica, era stata sensibiliz-
zata sul problema da un articolo di Montanelli, che traeva
spunto da una lettera della signora Gianna Audisio pub-
blicata nel "Corriere della Sera".
Allorché Ciaburri terminò il suo discorso, chiese la parola
Vincenzo Caruso, e propose che fosse costituita a Milano
una sezione della Unione Antivivisezionista Italiana.
Ciaburri, che aveva fondato l'UAI 40 anni prima, aderì
alla proposta (e ne era stato il nocchiero in acque pericolo-
se), con uno sguardo di commozione che lo ringiovanì di
trent'anni: nacque così, a Milano, quel movimento dell'o-
pinione pubblica, che presto ebbe radici a Roma e Torino,
e poi sollevò in tutta Italia lo sdegno contro la vivisezione,
fu solo un anno dopo che Caruso assunse la presidenza
dell'UAI Milanese, di cui era stato per alcuni mesi Vice
Presidente.

Non accettò volentieri. Ma, fatta la scelta, seppe impegnarsi a fondo. Il suo predecessore, prima di passare ad altri incarichi, aveva bruciato, in pochi mesi di attività, decenni di inerzia, violentando l'opinione pubblica con la sudicia immagine della vivisezione come mai era apparsa agli occhi della gente.

Mesi ricchi di fervore mai visto.

Si trattava ora di raccogliere, con asiatica pazienza il lavoro svolto, organizzare le azioni, mantenere i contatti e proseguire sulla difficile strada dell'iniziativa parlamentare.

Non so se Caruso, assumendosi questo impegno, abbia in un primo tempo ceduto all'estetismo della sua personalità. È certo che cammin facendo ha dovuto soffocare i suoi istinti artistici per preoccuparsi della dura realtà organizzativa che gli bruciava in mano.

Seppe reggere bene perché la sua anima è duplice.

Da una parte, il commercialista e la brillante carriera del dirigente industriale, dall'altra la vocazione letteraria: due anime che si fusero energicamente per un nobile scopo.

Caruso avrebbe potuto continuare la sua esistenza curando il suo podere in Brianza e pubblicando libri per gli amici. Aveva 66 anni, una carriera terminata con la carica di Condirettore Centrale della Montecatini, uomo felice, un discreto seguito di critica che aveva accolto il suo romanzo "Saridda", il suo pezzo di terra da curare con una vita patriarcale.

Ma, amava irresistibilmente gli animali, ne aveva salvati tanti, e il suo dramma di pensiero davanti alla vivisezione, gli creò un conflitto di coscienza: non poteva restare con le mani in mano.

Dedicandosi all'UAI, scordò i suoi impegni, la salute, la famiglia: con la sua temerarietà meridionale, si buttò a capofitto nell'impresa.

E, d'allora, non ebbe più pace. Dopo la morte di Ciaburri si trovò ad essere Presidente Nazionale dell'UAI e coinvolto in una difficile successione, che ancora oggi gli crea qualche dispiacere.

Con il valido aiuto di pochi amici, tra cui la coraggiosa Gianna Audisio, che troppo presto morì per il suo incurabile male, riuscì a tenere desto il problema nell'opinione pubblica nel modo che ormai tutti sanno.

Scrisse, partecipò a convegni, promosse iniziative. Un'attività sfibrante che, ogni tanto, lo costringe a rifugiarsi in campagna, alla ricerca di quel riposo che lui stesso si è ormai vietato.

Non starò a ricordare tutte le iniziative promosse da Caruso, quantunque le conosca bene: i soci e i simpatizzanti dell'UAI se lo ricordano benissimo. Ricorderò invece che Caruso si è conquistato il suo posto nell'olimpo zoofilo, grazie alla sua tenacia, vincendo con ironia, il moto stizzito di fastidio che può essergli stato provocato dall'essersi messo in primo piano.

A maggio Caruso ha compiuto 70 anni: sa che non sono pochi, ma sa anche che il suo compito non è ancora finito. Sa di essere un buon gestore di questa battaglia che, al punto in cui è giunta, ha bisogno di tecnici sapienti e di prudente amministrazione.

Sa che adesso occorre un'azione pubblica accorta e discreta per condurre in porto la difficile trattativa che vede schierati gli zoofili da una parte e i ricercatori dall'altra: in mezzo stanno i politici, con le loro inevitabili elasticità. Caruso sa anche che, se il tempo glielo consentirà, non riuscirà a passare alla Storia come colui che abolì la vivisezione, ma come colui che la regolamentò, e questo è per lui un cruccio: e sa anche che al momento buono, come avvenne per i suoi predecessori, occorre passare la mano. Le sue notti sono spesso pesanti: eppure, con la fede degli uomini forti, prosegue con piglio giovanile. Si è fatto crescere i baffetti alla moschettiera, un po' sfottenti, per esprimere meglio il vigore delle sue convinzioni. E sa tener testa con fierezza alle bordate degli anti-vivisezionisti, che non gli risparmiano critiche.

La lotta contro la vivisezione continuerà: che cosa il tempo le riserverà, nessuno può saperlo.

Neanche Caruso, che pure prepara le sue mosse con attenzione. È più utile quando organizza e scrive, che quando parla: nella sua prosa, classica e completa, sa ripulire il suo pensiero con mestiere.

I suoi saggi sulla vivisezione sono ricordati più dei suoi discorsi.

Non può, come vorrebbe e saprebbe, abbandonarsi alla delicatezza della poesia per descrivere il dolore degli esseri innocenti che l'uomo tortura, perché la realtà quotidiana dell'impegno gli assorbe le forze. Voleva essere il lirico della battaglia antivivisezionista: ne è l'amministratore. Non se ne crucci: sa che la gente l'ha capito e gli vuole bene per questo.

Continui con l'esempio del suo sacrificio.

In fondo, lo sa che non è il solo.

da *Zooespresso* del 1971

Le sue prime notizie le ebbi da Angelo Bordoni, che mi segnalò questo scrittore che non si limitava a narrare solo del paese dalle ombre lunghe.

Poi ebbi un accenno più preciso da Suor Filomena, una suora simpatica e sincera, che negli anni 70 mi scriveva spesso dopo avermi letto. L'incontro fu a Milano, in casa mia.

Ruesch aveva già pubblicato il libro "Imperatrice Nuda": Bordoni, Ciaburri e Bonuzzi, erano già morti. Lo tenni a pranzo: conobbi un uomo duro che quasi pareva scortese, convinto che solo il suo libro poteva cambiare il corso della lotta alla vivisezione.

Mi raccontò le sue teorie sulle malattie, che mi sembrarono giuste, e ci lasciammo senza emozioni.

Ci rivedemmo ancora un paio di volte, in occasione di due dibattiti a Milano e in Svizzera.

È un uomo che ti fa sentire a disagio, se vuole, con l'elementare logica del «due più due fa quattro».

Ha ritenuto che la cultura mediterranea assorbisse il suo libro che doveva guidare la rivolta contro il delitto bianco. Credo che abbia avuto modo di rivedersi.

Ha scomunicato tutti coloro che non hanno ritenuto il suo libro un momento di incontro.

Ha indubbiamente dato un contributo notevole, ma non determinante.

Credo che il suo orgoglio gli abbia procurato solide inimicizie, anche tra chi non doveva. Gli autori del parlar chiaro, non possono però pretendere favori: avranno consensi ma non avranno onori.

Sono destinati a rimanere soli, capitani senza eserciti. Per prepararsi ai momenti degli scontri: allora tutto il risentimento ti scoppia, e lo ributti sul tuo interlocutore, quel vivisettore che hai condannato nelle pagine tormentate.

Ruesch ha continuato a stampare rapporti per informare i lettori. Ha curato le sue traduzioni per l'estero.

Ha istituito un centro di documentazione. Credo che non abbia voluto fare solo un boom editoriale.

E, spero, abbia capito, anche lui, che certe battaglie vanno fatte insieme, con armonia e umiltà.

Luigi Macoschi

Come iniziò non lo so. Lessi di quel che faceva diversi anni fa. Cominciò dividendo con la polemica la frammentazione e la nascita delle Leghe. Ha avuto uno stile tutto suo nella denuncia, che prima era timida, e nella sua propagazione attraverso i mezzi di comunicazione, che prima era limitata.

Lavora alla sua Lega a tempo pieno, e non so come faccia. È vegetariano, vive da solo, credo abbia sacrificato molto di sé offrendosi interamente alla zoofilia pura. Ha scritto (ed anche molto anche bene), e continua a scrivere: quando non può, pubblica quello che scrivono gli altri.

Ha conosciuto tutti, e quasi da tutti è stato ricevuto.

Di recente, è stato da Nilde Jotti, cui ha portato qualche tonnellata di carta: le firme della gente che protesta.

A Firenze è anche temuto. Ignoro i suoi rapporti con le altre Leghe, e non mi interessano: la dialettica è una componente importante.

È comunque capace di scatenare campagne importanti, e di raggiungere seri obiettivi.

Ministri e Parlamentari l'hanno avuto come interlocutore. Nella cantina di Piazza Libertà, ci trovi comunque di tutto: la Lega ormai è sua, e non ammetterebbe altri Presidenti diversi dal suo fondatore.

E, forse, è anche giusto. Ci ha messo dentro tutto, e ha anche perduto (almeno in salute), tanto che è giusto lasciargliela.

È di Napoli, vissuto a Firenze.

Quella Firenze che cacciò a sassate Maurizio Schiffo, il quale sperimentava sui cani.

Da Piazza della Libertà continuano le sassate.

Monsignor Fusaro

È un prete che ama gli animali. Già questo ce lo rende simpatico. Anche se è stato l'antesignano delle eccezioni, perché nessuno, più di lui, candido ed ingenuo, si è compromesso con gli animali nel suo ambiente.

Ha fatto scorribande nella Bibbia e nelle letture di san Paolo, per dimostrare che gli animali rientrano nel piano divino.

In famiglia erano in diciotto: riuscì a studiare alternando il lavoro nei campi e le lezioni private e, dopo il Seminario, il cardinale Piazza nel 1938 l'ordinò sacerdote.

Non gli bastò: andò all'Università, si laureò a pieni voti, ed insegnò al Ginnasio-Liceo per trentadue anni.

Alle sette, dà il pane ai poveri. Alle sette e trenta, dice messa.

Alle otto, distribuisce il pane ai colombi di S. Marco.

Alle nove, inizia le sue lezioni per cinquecento studenti.

Al pomeriggio, si divide fra ammalati, prediche, funerali e conferenze.

Di notte scrive: ha diffuso in tutte le lingue migliaia di pubblicazioni delle sue collane; ho perso il conto dei suoi interventi.

È il primo (e l'unico) Sacerdote in Italia, impegnato in questa crociata, che ha fatto proseliti: la Lega di S. Francesco.

I suoi superiori lo tollerano: vive solo, con tre cani, cinque tartarughe e qualche passero.

Il suo merito: essere prete zoofilo.

Il suo errore: credere di riscattare con la sua sincerità, l'indifferenza millenaria dei suoi colleghi.

Il suo sogno: dimostrare che la chiesa ama gli animali.

Il suo scopo: portare in paradiso anche gli animali.

Il suo cruccio: non essere riuscito a farmi iscrivere alla sua Lega.

Giangiacomo Bogogna

Cinquantasette anni, veterinario, presidente dell'ENPA di Milano da un decennio.

Innamorato degli animali come della libertà.

La sua tenuta preferita: girocollo e pantaloni di flanella.

Non fuma da un decennio.

Nello studio della via Plana passano animali di ogni sorta.

Si è dedicato all'ENPA con convinzione ed energia: ogni anno fa uno spettacolo, vengono cantanti ed attori a recitare gratis per una serata dedicata al mantenimento delle povere bestiole.

Bogogna ha visto, e passato, tutte le crisi dell'ENPA.

Le sue Guardie Zoofile facevano 45.000 ore di servizio gratuito. Sono andate in Friuli a vaccinare. Si sono viste ringraziare dallo Stato con un Decreto di soppressione.

Bogogna ha continuato a lasciare aperta la porta della sua sezione, sia pure travagliata dalla mancanza di quattrini, dagli abbandoni, e dalle solite discussioni.

Veterinario di prestigio, si è veramente mosso al servizio degli animali, e non ha esitato a difenderli, anche con il rischio di rendersi impopolare.

Ai bambini, ha dato la possibilità delle visite alla fattoria.

Ai grandi, gli spettacoli.

Agli animali, un grande aiuto.

Virginia Craia

Nacque e visse bene. Poi si convertì ai cani, dopo la morte del marito. Dal lusso a Palazzolo Milanese, a un pezzo di terra e a una baracca; a curare cani, a salvarli, a proteggerli.

Fondò l'Asilo del Cane. L'insultavano, le bruciavano il rifugio, la denunciavano, ma lei continuava. Asciutta, con il profilo aristocratico e quegli occhi gelidi verso l'uomo, che si commuovevano solo nel vedere un cane che soffriva. La sua follia vinse. Non riuscì a contare i cani che aveva. La chiamò Mike Bongiorno in una sua trasmissione, e la premiò; ma lei preferì dare i soldi ai bambini affamati dell'India.

Divenne un simbolo. Il prete le fece guerra, perché i suoi cani disturbavano il sonno dei morti, ospiti del cimitero a cento metri dal rifugio. Ma poi si calmò.

La Virginia ebbe un altro pezzo di terra e tanti altri cani. Collezionò affetto e rancori finché, un bel giorno, si ritirò. Proseguono ora altri volonterosi. L'ho conosciuta nei momenti della grande difficoltà. L'ho sempre trovata serena. Triste ma forte. Dove prendesse quella forza, non so. Non aveva cibo e medicine per il domani, ma non disperava. Sapeva che sarebbero arrivati. Conosceva uno per uno i suoi ospiti a centinaia.

Barbona e sporca, le dicevano. Eppure dietro quei cenci sporchi, c'era una grande ricchezza che ha reso migliori tanti. Chi l'ha aiutata e chi l'ha contrastata. È stata unica ed inimitabile. Ha pagato di persona tutto. Con la dignità di un'antica regina. Virginia Craia, regina dei cani.

Piergiorgio Candela

Sembra nato dal mistero. Quest'uomo, semplice e solitario, è autore di grandi cose. Si è avvicinato agli animali per un grande tormento interiore. Per anni ha fatto (e fa) la Guardia Zoofila. Terrore dei cacciatori. In Val di Susa la candela è diventata una fiaccola. Con cocciutaggine, ha riempito verbali, fatto sequestri, segnalato irregolarità. L'anticaccia è la sua specialità, ed ha un'esperienza invidiabile. È stato più volte denunciato, ma ne è sempre venuto fuori pulito. Bloccò il Campionato Mondiale di Tiro al Piccione ad Aosta. Si buscò una denuncia: fu processato ed assolto. Il Pubblico Ministero impugnò la Sentenza, ma la Corte d'Appello lo assolse ancora. Pianse dì commozione alla prima e alla seconda assoluzione. Ritrovò la giustizia che per un anno l'aveva sospeso dalle sue funzioni. È a lui che si deve se in Piemonte caccia ed uccellagione non esistono quasi più. Ho detto che vive nel mistero: la moglie insegna, e trepida con discrezione.
A casa, tanti animali aspettano quest'uomo che torna a tarda notte dalla montagna, carico di Verbali, dopo aver deposto i panni dell'assicuratore.
Ha un suo modo di essere, una sua logica, che non trovano imitazioni. Non sa vivere in un gruppo perché è un so-

litario. Non gode di amici. È 'tanto conosciuto il suo nome quanto sconosciuta la sua personalità.

È adamantino, severo con gli uomini e bimbo con gli animali. A lui deve molto la zoofilia, quella operante. Se andate dalle parti di Susa e chiedete di lui, sappiate che anche S. Uberto ha paura della...candela.

Scaramouche: un addio

Oggi, 8 luglio 1985, Scaramouche è morto; sono le 17.30 di un caldo lunedì. Ha salutato il sole scodinzolando, per l'ultima volta, nella mia direzione.

Nobile e grande, ha affrontato la sua morte portandosi via i nostri diciotto anni vissuti bene: i migliori.

Si è lasciato accarezzare, e, con l'espressione di una inimitabile bellezza, è entrato nell'Universo: sento il suo miagolio, tra le nuvole, che mi chiama.

Mi aspetta. So che un giorno ci ritroveremo a giocare tra le luci dell'arcobaleno.

Addio mio grande e solo amico.

Con te muoiono anche le mie parole.

Due poesie giovanili

Tutti parlano

Eccoli là
ben seduti ed illuminati. Il primo si alza e:
… parla.
Un altro (senza alzar la 1nano) guarda il soffitto e:
…. parla.
Uno magro (ma non per la fame) faticando si alza e:
… parla.
Un altro che poco parla, approfitta e:
… parla.
Tutti parlano.

Poi uno va, l'altro lo segue, tutti vanno.

Parole all'aria
per un popolo, che ama l'aria.

La prostituta

Vendi;
il tuo seno,
la tua bocca, il tuo ventre, le tue mani.

Forse,
ami, sogni,
cerchi,
speri.

Nell'attesa vendi.

Poesie ad Arlesheim

Compagnia

Pensando
alla vita da lasciare iniziai ad ignorare
quella che dovevo vivere
Ma mi accorsi
che era preferibile
vivere quella che restava. Ed iniziai
a cantarla
a scriverla
a dirla
vita su vita
senza accorgermi del suo passare.
Venne il buonumore
a riposare
sul mio guanciale e vi restò
fino all'ultimo giorno
a farmi compagnia.

13 ottobre 1991

Il giorno e la notte

Guardo
da questa finestra
un sole piccolo
incerto
che appare solo
per andare
ritirando le promesse
della sua giornata
ed è
come questa mia vita
che esiste
per andare e sparire
riprendendo le promesse
fatte al mattino
per svegliare il sole
così non dormo la notte
per vivere
il mattino di ieri
in attesa
del mattino di domani
più lungo
più intenso
più nulla.

13 ottobre 1991

Amici

Amici
grandi come cattedrali
mi hanno
dato
ultimi e forti giorni
speranze
di una nobile vittoria;
certezze
di una leale battaglia
in una guerra
dalla morte finale.
Amici
forti conte querce
mi hanno accompagnato
in questo viaggio
di grandi promesse
per ricondurmi
alle foci della vita.
Amici
alti conte statue
che bucano il cielo
seguono
i miei passi di vita
che lenti
riprendono il cammino.
Amici
nobili come
antichi guerrieri
della divinità

proteggono
il mio io essere
dall'assalto esterno
del male
che attende
il mio passaggio
debole e solo.
Amici
grandi,
forti,
alti,
nobili
tristi e silenziosi
alzeranno le spade
che
avranno protetto
il mio corpo
quando
non potranno
più difenderlo
dopo l'ultimo
assalto del male
e cadrà
la mia spada.
Grazie
addio
amici grandi forti
alti nobili tristi
cavalieri
della mia
tavola rotonda.

13 ottobre 1991

Figli

Non ho cercato figli
ma ne ho avuti
senza essere padre.
Furono grandi
prima di me
prima che li allevassi.
Nacquero grandi
vissero grandi:
per questo
non
mi chiamarono padre.
Né potei esserlo
perché
nacquero grandi.

13 ottobre 1991

Il giorno del sole

Furono tanti
I giorni
dell'ira
della gioia
li resi intensi
li feci miei
mi circondano;
furono molti
i giorni
della vittoria e
dell'amarezza
che furono grandi
e interamente miei
mi stanno attorno;
furono pochi
i giorni
in cui nulla
parve
essere importante;
non vi furono
giorni
inutili di vita
ed ora
che altri giorni
non vogliono sorgere
brillano tutti
come un grande sole
che brucia

il mio cielo
che stermina il dolore.

13 ottobre 1991

Tramonto

Sole
del tramonto
che grande
entri inutile
per scaldare
la vita che ti porti
sole forte
degli altri.

13 ottobre 1991

Le armi

Andai
per le mie
strade di vita
ricco e forte
perché
questi
grandi doni
di nascita ebbi.
Fu nascita
di grande dinastia
ebbi doni regali
spada
verbo
nobili e forti
che usai
durante il cammino.
E con penna
scrissi
e con spada
feci guerra
e con verbo
difesi
genti
e idee.
Spada
penna
e verbo
ora più non ho
né posso usare.

Alla nascita
di grande dinastia
rendo
la spada nobile
la penna pulita
il verbo sincero
che hanno reso vivo
il mio errare terreno
e che ora
m'accompagnano
nell'ultimo viaggio.
La spada
la penna
il verbo
compagni
del mio
viaggio terreno
amici fedeli
vicini
all'ultima ora
per il saluto
al guerriero
vinto.

13 ottobre 1991

Battesimo

Riceve oggi
il piccolo Francesco
il suo battesimo
e così
pulito
da peccati
non commessi
inizia
la sua vita sicura
misteriosa
e curiosa
come il momento
della sua nascita.
Piccolo Francesco
sereno e forte
che non potrò
vedere realizzato
e che saprà
costruire foreste
attraversare
oceani
sfidare i mostri
che mi hanno fermato
e vendicare
l'onta del mio dolore.
Oggi, senza più
peccato,
il piccolo cavaliere
cinge la spada

della mia vendetta
e sfida la vita
proseguendo
il mio duello.

13 ottobre 1991

Rientro

Pochi
ancora pochi
sono
i giorni del rientro
ma lunghi
sembrano
a me
che impaziente
desidero vivere
anzi
rivivere.
Tutto di me
passato
presente
futuro
visto e
non visto
con grande forza
di tutto
il mio essere.
Ma forse
niente
avrò di tutto ciò
solo
la voglia
di averlo.
Non so
se
sarà sufficiente

averlo voluto
per averlo vissuto.
io l'ho
fortemente
voluto.

15 ottobre 1991

Le mie parole

Sento poesia
che scorre
sono parole
tante
grandi
inutili
forti
ma vogliono
uscire
quasi
fosse l'ultima
possibilità
che hanno.
Vivono
dentro
parole
impaurite dal male
ed escono
e dicono
ma
non basta mai.
Volano
in quest'aria
forte e calda
scappano
sui monti
nella fantasia
delle nuvole
che

di notte
fanno compagnia
alle mie insonnie.
Mie grandi
belle parole
compagne fedeli
delle mie lotte
dei miei ideali
come potrò abbandonarvi?
Vi ritroverò
quando
senza il peso
di questo corpo malato
sarò
sulla vetta
dell'universo
per l'ultimo
saluto
alla terra lasciata?
Ed insieme
per altri mondi
racconteremo
la libertà?
Parole mie,
belle e grandi
che nobili
resero
gli uomini
che le ascoltarono,
attendetemi
ovunque voi siate
aspettatemi
ovunque voi

andrete
voi, parole, così belle
e cosi mie!

15 ottobre 1991

Donne

Donne
entrano
nella mia vita
donne che
donano
e vanno
donne che
lasciano il segno
della loro missione
donne che
vengono da lontano
per rendermi
amore
aiuto
pattuito
di là dal tempo
donne che
non sono madri
donne che
sono
mogli
figlie
antiche
donne
di grande bellezza
ed animo
donne che
lasciano il segno
della loro missione

al passaggio
nella mia casa
nel mio corpo
nel mio animo.
Donne
con il nome dell'angelo
ed il cuore
dell'amore sono.

15 ottobre 1991

Fratelli

Fratelli
si nominarono
e si diedero
doni
fedeltà
incontri
passioni.
Fratelli
furono
nel furore
nel rancore
dato e avuto;
fratelli
non furono,
scordarono
doni
fedeltà
incontri
e passioni
scambiarono.
Fratelli di ieri
il domani
non ebbero
e spensero
la parola di passo.
Il silenzio
tornò nel tempio
uscito
dal cuore dei fratelli

senza doni
senza fedeltà
senza incontri
con te passioni.

15 ottobre 1991

Notte ad Arlesheim

Aprii gli occhi
la notte
e guardai
la luna
grande, bella, rotonda,
con tanta luce
che entrava
nella mia malattia.
E le nubi
passavano la luce
ma rimaneva forte
bianca come latte
intensa, calda:
entrava nella malattia
portando via il sonno.
Miele del mattino
deposto sulla finestra:
tutta la notte
ha regalato
la sua grandezza
entrata nella malattia.
Ma è sonno
di notte bianca
illusa
in attesa
di chiudere
l'occhio
per riposare.
Ma l'occhio è aperto

immenso
nel bianco lunare
in attesa del giorno
che non può dormire.
Si consumano
notti su notti
speranze
come fascine
che prendono fuoco
appena raccolte.
Notti che entrano
dalle finestre aperte
con il bianco
della luna grande
e il bianco
gelato della morte.

15 ottobre 1991

Ultimo saluto

Lenta,
esce la mia vita
da un pezzo di polmone:
la lascio andare
ne allento il flusso
per godere
il sole, il cielo, l'amore
questa vita
che lenta
si spegne
restituendomi
ciò che
ho fatto
ho visto
ho udito
e mi porta
là dove
ricomincio
il lavoro
che il male
qui ha
fermato
salutando
il sole.

13 ottobre 1991

Pochi
ancora pochi
son
i giorni del ricordo
nei luoghi
sembrano
a me
che mi porrano
di ritorno viver
avrò
riviver
Tutto di un
passato
presente
tutto
visto e
non visto
cercando tra
di noi
il mio cuore _

Ha forse
ricevuto
avrò di tutto ciò
solo la
veste

di saluti _
Non so
se
sarà sufficiente
avrebbe voluto
per averlo vissuto _
io l'ho
fortemente
voluto

Rientro
15-10-91
Alès Luin

Sommario

immagine di copertina di Simonetta Marzioli